음악 너머, 사람을 향한 시선 ──────

대중음악가 열전

음악 너머, 사람을 향한 시선

대중음악가 열전

2017년 3월 15일 초판 1쇄 인쇄
2017년 3월 20일 초판 1쇄 발행

저 자	최성철
펴낸이	김영애
편 집	윤수미
디자인	이유림
마케팅	정윤성
펴낸곳	SniFactory (에스앤아이팩토리)

등 록	제2013-000163(2013년 6월 3일)
주 소	서울시 강남구 삼성로 96길 6 엘지트윈텔1차 1402호
	www.snifactory.com / dahal@dahal.co.kr
	전화 02-517-9385 / 팩스 02-517-9386

ⓒ2017, 최성철

ISBN   979-11-86306-64-2

값 20,000원

음악 너머, 사람을 향한 시선 ─────────

대중음악가 열전

최성철 지음

다흘미디어

목차

Part 2

그들에겐 진짜로
날개가 있었다

Part 3

꽃이
지기로소니
바람을 탓하랴

Part6

얼마나 낭만적인가

Part7

비교할 수 없는…

음악 너머, 사람을 향한 시선…

찬란하거나, 아프거나, 그리운 시절의 영광을 반추하려는 것은 아닙니다.

이들의 음악이 전하는 위안과 위로의 전언에 우리는

우리의 귀와 마음을 기울였었습니다.

대한민국 대중음악사에 드리운 이들의 너른 음악적 그늘과

음악적 세례를 받지 않은 이는 거의 없으리라 생각됩니다.

아직도 위로가 그리운 우리이고, 위안이 아쉬운 세상이기에….

음악 너머, 사람을 향한 시선으로

우리의 가슴을 데울 수 있다면 참으로 좋겠습니다.

내가 숨쉬는 한, 나는 희망할 것이다.

dum spiro, spero

시나브로 그들의 오래된 음악은… 이미, 진즉에,

아름다운 미래의 유산임에 너무도 자명하기 때문일 것입니다.

지면에 채 마음을 담지못한 서른여섯 분들의 대중음악가분들과

이 책을 세상에 내놓을 수 있도록 도움을 주신 김영애 대표님,

윤수미 실장님 외 다할미디어 식구분들께 각별한 감사를 드립니다.

당신들의 숲에서는 절망도 꽃이 됩니다. 어머님 아버님, 그리고

나의 신앙과도 같은 친동생 최돈철, 소울메이트 이주형 · 장양수 · 박인호,

시온 · 시연 · 시은이의 멋진 아빠 박봉수, 속 깊은 후배 박성진 · 염종성,

권혁재 작가님, 이춘우 국장님, 윤여진 차장님, 장재선 부장님,

주철환 대표님, 김경태 팀장님, 박남주 이사님, 기정 작가님,

김태훈 님, 조동희 님 외…

제 삶 속에서 마침표가 아닌 쉼표가 되어주셨던 분들을 기억하며…

두 번째 출간의 기쁨을 나누고 싶습니다.

2017년 2월

최 성 철

Part 1

당신들
덕분입니다

그 위대한 가왕歌王

조용필

Cho Yong Pil

중고교시절 기타를 끼고 살았던 조용필은 1950년 경기도 화성 출신으로 1968년에 경동고등학교를 졸업 후 컨트리 웨스턴 그룹 '애트킨즈'의 리더이자 기타리스트로 활동하다가 1969년 미8군 무대에서 데뷔하였다.

1971년 3인조 그룹 '김트리오조용필, 최이철, 김대환'를 결성해 '선데이서울 컵 팝그룹 콘테스트'에서 〈님이여〉라는 노래로 최우수 가수왕상을 수상하며 서서히 대중들 앞에 모습을 드러내기 시작했다. 1972년에는 그룹 활동을 접고 가왕 조용필 역사의 첫바퀴를 굴린 대망의 데뷔 앨범 《조용필 스테레오 힛트앨범》1972을 발표한다. 그의 명성을 일구어낸 최초의 힛트곡인 바비 블랜드Bobby Blend의 〈Lead Me On〉의 번안곡 〈님이여〉를 비롯해 국민가요인 〈돌아와요 부산항에〉 최초의 레코딩 버전이 수록되어 있는 그의 초기작 중 초희귀반이다.

이후 조갑출과 그룹 '25시'에 잠시 몸담았던 그는 시카고Chicago의 영향을 받아 8인조 브라스밴드인 '조용필과 그림자'를 만들고 당시 인기 최고의 서울 고고클럽

에서 연주를 시작했다. 26세가 되던 1975년에 〈돌아와요 부산항에〉라는 곡이 공전의 히트를 기록하며, 처음으로 명성을 얻기 시작한다. 이 명성은 그에게 다가올 80년대의 영광에 비하면 찰나에 불과했다. 그는 벅찬 감격에 젖어 그 뜨거운 반응을 만끽했으며 방송 출연 및 밤무대를 휩쓸었다. 그러나 이전 밴드 시절 몇 대 피웠던 대마초는 1975년 휩쓴 대마초 파동 때 그를 비껴가지 않았다.

대마초 파동에 휘말려 4년간의 공백기를 갖게 되고, 대마초 연예인 해금^{解禁} 조치 이후 지구레코드와의 전속으로 1979년에 공식적으로 가요계에 데뷔하여 정규 1집 《창밖의 여자》1980를 발표한다. 〈단발머리〉, 〈한오백년〉 등 가요사의 명곡이 실린 이 앨범은 대한민국 최초로 1백50만장 이상 팔리는 판매고를 기록하며 본격적인 슈퍼스타의 자리에 오른다. 이후 2집 《촛불》1980, 3집 《미워미워미워》1981, 4집 《못 찾겠다 꾀꼬리》1982, 5집 《산유화》1983, 6집 《눈물의 파티》1984, 7집 《눈물로 보이는 그대》1985, 8집 《허공》1985에 이르기까지 국내 가요상을 모두 휩쓸면서 국내뿐만 아니라 아시아에서 손꼽는 빅 스타의 자리를 지켜온다.

홀로 대한민국 가요사의 한 획을 긋기 시작하던 조용필은 1986년에 일본에 진출해 발매한 앨범《추억의 미아 1》이 1백만 장 이상 판매되는 대성과를 거두어 그해 골든디스크상을 수상하였다. 이것이 대한민국에서는 모든 장르를 섭렵한 가수로 통하지만 일본에서는 조용필을 엔카의 황제로 부르는 이유다. 이듬해 9집《사랑과 인생과 나》1987에서 〈마도요〉, 〈그대 발길 머무는 곳에〉 등을 히트시키며 여전히 가왕으로서의 면모를 지켜나간다.

10집은 애초에 더블앨범으로 출반 될 예정이었으나 조용필의 워낙 바쁜 스케줄 때문에 두 장으로 나뉘어 먼저 록적인《Part. 1》1988 앨범을 선보였다. 이 앨범을 단적으로 이야기한다면 음악 생활 20년을 맞는 조용필의 음악성과 보컬이 흥망성쇠를 거듭하는 동안 무르익은 원숙미를 보이고 있다는 것이다. 88서울올림픽의 화려함만큼이나 눈부신 사운드와 편곡이 돋보이는 수작이며, 이 음반은 더 이상 가요가 아니었다. 10년 앞서간 사운드는 물론이고, 믹싱 등 앨범 구성과 곡의 느낌들이 일관성을 유지했고 무엇보다 조용필의 프로듀싱 능력이 최고조에 달한 앨범이라 인정받고 있다. 이 음반은 88년 서울올림픽에 때맞춰 발매 되었고 음반 전체가 외국 뮤지션들에 의해 연주되었다. 당시까지 국내의 어느 음반에서도 들을 수 없었던 완벽한 편곡과 연주는 대번에 리스너들의 귀를 사로잡았다. 〈서울 서울 서울〉을 비롯하여, 〈모나리자〉, 〈I Love 수지〉, 〈목련꽃 사연〉 등은 외국의 어떤 음악과 비교해도 뒤지지 않는 국제적 수준을 갖고 있었다. 우리 가요사상 처음으로 세계화의 가능성을 보여주었다.

조용필의 한국적인 멜로디는 외국 뮤지션들의 세련된 편곡, 연주와 절묘한 조화를 이루어냈다. 이듬해 11집《Part. 2》1989는 전작《Part. 1》에 비해 좀 더 대중적인 취향을 표현하고 있지만 19분 30초에 이르는 대곡 〈말하라 그대들이 본 것이

언제부터인가 그는 인기를 넘어서고 세대를 초월해

자신의 음악과 원숙함을 보여주는 것으로

조용필이라는 이름의 가치를 증명해 내고 있다.

특히나, 그의 위대한 음악은 아직도 현재진행형이기에

더더욱 뜻 깊다

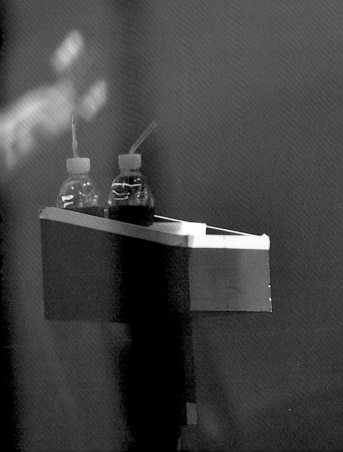

무엇인가를)과 같이 실험적인 곡까지 공존하고 있는 독창적인 작품이다. 더불어 10년간 자신을 잡아두었던 지구레코드사와의 마지막 앨범이기도 했다.

1979년 해금解禁 즈음해서 조용필은 지구레코드사와 10년 전속계약을 맺게 된다. 한 해에 앨범 하나씩이라는 불문율로 인해 그는 10년 동안 최소한 열 장의 앨범을 만들어내어야 했던 것이었다. 이 앨범의 타이틀곡 〈Q〉에서 그는 지구와의 이별을 이렇게 말한다.

"너를 마지막으로 나의 청춘은 끝이 났다 우리의 사랑은 모두 끝났다
램프가 켜져 있는 작은 찻집에서 나홀로 우리의 추억을 태워버렸다···"

자신의 음악에 간섭하고 수입의 대부분을 챙기던 음반회사와 결별하고 이제 조용필은 새로운 출발을 할 수 있게 되었다. 1990년 1월, 12집《'90-Vol.1 Sailing Sound》1990를 내면서 조용필은 1980년대를 그가 열었듯이 1990년대도 그가 열어 보이고 싶었다. 타이틀곡 〈추억 속의 재회〉부터 사운드가 강렬하고 무거워졌으며 무엇보다 진지해졌다. 대중의 반응에 사로잡히지 않고 자신의 팝록 스타일에 윤상 등의 신진음악 스타일을 구현해 〈추억 속의 재회〉, 〈해바라기〉 등의 히트곡으로 다시금 정상임을 확인시켜주었다.

1991년에 발표된 13집《The Dream》1991는 키보드 연주자 톰 킨Tom Keene과 의 공동 프로듀스로 신선한 감각을 살렸다. 라틴 계열의 리듬을 사용하는 등 다양한 접목으로 감각을 새롭게 했다. 탁성을 사용함에도 간결하고 바이브레이션 없는 깔끔한 처리로 탁성의 거친 느낌을 상쇄시키는 보컬의 변화 역시 눈에 띄었다. 〈꿈〉, 〈장미꽃 불을 켜요〉 등이 히트되었다. 그러나 여전히 세대를 휘어잡고 시대를 열었던 힘은 없었던 듯싶다.

당신들 덕분입니다
조용필 / 신중현 / 산울림 김창완 / 한대수 / 이정선

14집 《Cho Yong Pil 14》1992의 〈슬픈 베아트리체〉로 다시 최고의 자리를 노리고 있던 1992년 초, 서태지가 등장했고, 세상은 온통 테크노, 하우스, 힙합 등 랩댄스 뮤직의 물결이 된다. 세대교체를 이루고 있었던 것이었다. 조용필은 가야 할 방향을 찾기 힘들었다. 그래도 자신의 길을 가야 했으며 그의 선택은 발라드였다. 그러나 시대는 그를 더욱 멀리 밀어냈으며 위대한 탄생 멤버에게 일임한 15집 《Cho Yong Pil 15》1994는 〈남겨진 자의 고독〉의 참패로 그는 대중의 시야에서 멀어졌다. 그 후 조용필은 16집 《Eternally Cho Yong Pil 16》1997 〈바람의 노래〉와 17집 《Ambition》1998 〈친구의 아침〉으로 우리 곁에 다시 다가왔다. 비록 시대를 대표하진 못했지만 1990년대에도 수많은 히트곡이 있었다는 것은 그가 언제나 매진하고 있었기 때문일 것이다.

17집 이후 무려 5년만인 2003년 18집 《Over The Rainbow》2003를 내놓았다. 모든 곡에 대규모 오케스트라를 동원했다. 위대한 탄생의 베이시스트 이태윤이 곡을 쓰고 여러 가사를 입혀봤다가 양인자의 맞춤 가사로 완성 된, 먼저 간 아내 안진현을 떠올리며 만든 곡 〈진〉은 수록곡 10곡 중 가장 대중적인 멜로디로, 조용필 음색의 서정을 극명하게 나타내준다. 이후 10년이 지난 2013년 새로운 음악을 들고 대중 앞에 섰다. 그가 기존의 음악적 틀을 깨고 새로운 시도와 실험, 그리고 독창성을 담보한 19집 앨범 《Hello》2013를 발표했다.

18집 이후 10년 만에 갖고 돌아온 새 앨범 《Hello》2013는 전 국민을 열광하게 하였고, 각종 음원 차트부터 방송 순위 프로그램까지 1위를 기록하며 '조용필 신드롬'을 만들어냈고, 온 세대를 아우르는 저력을 보여주었다. 무려 25만 장이라는 판매기록을 세운 앨범 《Hello》의 발매를 기념하기 위해 진행되었던 전국투어는 총 13개 도시, 총 22회 공연으로 2013년 국내 최대 규모의 투어였음에도 불구하고 전석 매진이라는 놀라운 기록을 세우며 막을 내렸다. 다시금 가왕의 가치를 증명해 보인 것이었다.

가왕 조용필은 통산 정규 앨범 19장, 실황앨범 9장, 베스트 앨범 10장을 발표해 지금까지 총 1,400여만 장이라는 경이적인 기록의 앨범 판매량을 올렸다. 또한 일본에서도 정식 앨범 16장과 싱글 13장을 발표해 600여만 장 이상의 판매량을 기록하기도 했다. 국내외 판매량은 총 2,000여만 장 이상으로 추산되고 있다. 더불어 그는 오빠부대의 원조이며 모든 장르를 국내 음악에 이식시킨 공로도 가지고 있다. 이 모든 것을 제쳐두더라도 그가 쏟아낸 히트곡은 역사상 최고의 수준이었다.

이렇듯 조용필은 1980년대 최고의 가수였으며 모든 세대의 우상이었다. 언제부터인가 조용필은 인기를 넘어서고 세대를 초월해 자신의 음악과 원숙함을 보여주는 것으로 조용필이라는 이름의 가치를 보여주고자 했다. 조용필의 노래는 지난 반세기 동안 한 번도 쉬지 않고 우리를 보듬어 주었다. 특히나 그의 위대한 음악은 아직도 현재진행형이기에 더더욱 뜻 깊다.

당신들 덕분입니다
조용필 / 신중현 / 산울림 김창완 / 한대수 / 이정선

뛰어난 시장성의 개척자!

신중현

Shin Jung Hyun

　1938년 11월 4일 서울에서 태어난 신중현은 16세 때부터 기타교본을 가지고 독학하며 AFKN의 음악을 섭렵했다. 신중현은 1957년 미8군 무대에 처음으로 'Jacky'라는 이름으로 서게 된다. 여기에서 그는 미군들의 기호에 맞추어 재즈, 스탠더드 팝, 록 음악을 연주하며 일본식 트로트 일색이던 한국에 서구 대중음악을 들여놓았고 이후 5년간 미8군의 톱스타로 큰 인기를 누렸다.

　그의 기타는 미군 병사들에게 지미 핸드릭스Jimi Hendrix를 떠올리게 했으며 고향의 분위기를 느끼게 해 주었다고 한다. 신기神技에 가까운 기타 솜씨로 미8군내의 영자신문과 잡지에 대서특필되며 영내에서는 최고의 스타로 군림했었다. 1959년경 미8군 무대에서 함께 하던 더블베이스, 드럼, 색소폰 등의 선배 연주자들과 함께 장충동에 있던 최성락의 개인녹음실에서 미군 휴대용 수동 녹음기로 만든 역사적인 첫 앨범《히키-신 키타 멜로듸 경음악 선곡집》1959을 발표한다. 재즈풍으로 편곡된 동요와 한국민요 12곡이 담겨 있었다.

이어 이화여대 교수 등을 지낸 이교숙에게 작곡법을 사사 받은 신중현은 비틀 즈^{The Beatles}가 결성되기 1년 전인, 1962년경 한국 최초의 로큰롤^{rock'n'rol} 밴드인 '애 드 포^{Add 4}'라는 그룹을 결성하였는데, 이 그룹은 기타 · 보컬 · 베이스 · 드럼이라 는 로큰롤 밴드의 전형적인 구성을 갖추고 있었다.

'애드 포'는 1964년 〈빗속의 여인〉, 〈커피 한잔〉 등 새롭고 전위적인 사운드의 노래들이 실린 국내 최초의 그룹사운드 앨범 《비속의 女人 THE Add 4' FIRST ALBUM》1964을 발표한다. 최초의 로큰롤 곡으로 '장현' 등 수많은 가수들이 리 바이벌^{revival}한 명곡 〈빗속의 여인〉 오리지널 버전과 60년대 후반 '펄 시스터즈^{Pearl} Sisters 배인순, 배인숙'가 다시 불러 소울 & 록 음악의 본격적인 중흥기를 열어버린 〈커피 한잔〉의 오리지널 버전 〈내 속을 태우는 구려〉와 초창기 대표적인 포크 듀오 '라나 에로스포^{Lana Et Rospo}'의 데뷔음반에 실려 있는 〈상처입은 사랑〉의 오리지널 버전 등 이 실려 있었다. 또한 〈안녕하세요〉, 〈봄이 오면〉 등 로큰롤 리듬이 돋보이는 곡으 로 70년대 초중반 많은 인기를 누린 '장미화'도 〈천사도 사랑을 할까요〉와 〈굿나잇 등불을 끕니다〉 등 2곡에 객원싱어로 참여하여 역사적인 녹음기록을 남기게 된다. 이렇듯 '애드 포'의 첫 음반은 모두 자작곡으로만 꾸며진 최초의 음반으로 대중음 악사적 가치가 높은 음반이었다.

이어 신중현은 계속해서 '조우커스^{Jokers}', '블루즈 테트^{Blooz Tet}', '덩키스^{Donkeys}', '퀘션스^{Questions}' 등의 그룹을 조직해 활동하면서 그룹사운드를 이 땅에 정착시키 고 로큰롤의 리듬과 한국적인 리듬을 결합시킨 독특한 신중현 사운드를 개척해 나간다.

한편 1968년에는 '펄 시스터즈'가 부른 〈님아〉, 〈떠나야 할 그 사람〉 등의 히트 곡을, 1969년에는 '김추자'의 〈월남에서 돌아온 김상사〉 등 수많은 히트곡을 만들 어 내었고, 이후 장미화 · 장현 · 박인수 · 이정화 · 김추자 · 펄 시스터즈 · 임성훈

· 바니걸스 · 김정미 등 셀 수 없이 많은 빅 아티스트들을 발굴해내며 당대 최고의 작곡가이자 프로듀서로 명성을 날린다. 소위 '신중현 사단'의 면모를 유감없이 보여주었다. 신중현은 수 십여 곡에 이르는 메가 히트곡을 제조했으며, 당대 트로트와 포크 시장의 틈바구니에서 뛰어난 시장성을 이미 개척했던 것이었다.

1960년대 말에는 당시 세계적으로 유행했던 사이키델릭 록Psychedelic rock에 심취하여 단조의 예술적 미를 그려낸 명곡 〈봄비〉, 〈꽃잎〉 등 사이키델릭 스타일의 파격적인 사운드를 계속해서 선보이며 한국에서 뿐만이 아닌 일본에서의 관심을 얻게 되며 군계일학群鷄一鶴의 음악적 노선을 구축해 간다.

1970년 '신중현 오케스트라'와 '제로Zero' 악단을 거쳐 1971년 정성조와 함께 그의 캄보 밴드Cambo Band(소규모의 재즈밴드)를 결성하고, 그 해 말에는 신중현리드기타, 박광수리드보컬, 손학래오보에, 이태현베이스, 김기표오르간, 문영배드럼로 구성된 그룹 '더 맨 The Men'을 결성한다. 당시 그 음반에 실린 〈아름다운 강산〉은 그가 '그룹사운드협회' 회장으로 있을 때, 독재정권에 대한 반감으로 만들었다고 훗날 소회했다. 〈아름다운 강산〉을 만들고 당시 MBC PD였던 전우중에게 이 곡을 방송하자고 제의했고, 그룹 '더 맨'의 멤버들과 함께 쇼프로로 출연한다. 그때 리드보컬인 박광수는 완전히 삭발을 하고, 나머지는 귀 주변에 머리핀을 꽂아 긴 머리를 걷어 올려 귀만 보이게 하고 뒤로는 장발을 하여 박정희 정권의 강압적인 처사에 불만을 표출했다는 유명한 일화도 있다.

그룹 '더 맨'이 흑인풍의 소울뮤직과 사이키델릭한 록 음악이 결합된 사운드였다면 '신중현과 엽전들'은 3인조의 미니멀함을 최대한 살리는 사이키델릭이 가미된 록 음악으로, 구성이나 음악적인 방향에 있어서는 지미 핸드릭스Jimi Hendrix를 지향하는 바가 컸다. 1974년 당대의 히트 넘버 '3천만의 애창곡' 〈미인〉이 수록된《신

이 땅에 서구 대중음악을 들여놓음과 동시에,

군계일학의 음악적 노선을 구축하며

당대 트로트와 포크 시장의 틈바구니에서 뛰어난 시장성을

이미 개척했던 이 거장은 지금도 감히 범접할 수 없는

외길 음악인생을 묵묵히 가고 있다

중현과 엽전들 1집》1974을 통해 최고의 전성기를 맞는다. 신중현^{보컬, 기타}, 이남이^{베이스}, 김호식^{드럼}의 구성으로 녹음된 초판 이후, 드러머를 권용남으로 바꾼 후 재녹음한 음반은 약 1백여만 장이 팔리며 여러 번 재판이 제작되기도 하였다. 독특한 것은 재판에도 제작 시기는 1974년 8월 25일로 표기되어 있다는 점이다. 이후 '신중현과 엽전들'의 브랜드를 구축하는 최고의 전성기를 가지게 된다.

《신중현과 엽전들 2집》1975과 함께 녹음되었으나 발표되지 않은 희귀 싱글《선녀》1975, 《엽전들의 경음악 1집》1974, 《엽전들의 경음악 2집》1975 등 4장의 앨범과 함께 한국적 록 사운드가 담긴 수많은 대표작들을 남긴다. 특히나 1집 앨범의 결과물은 현재까지도 최고의 명반으로 기록되며 한국 록의 새로운 지평을 열어 나갔음을 시사한다.

한편, 정권찬양가를 권유한 박정희 정권의 제의를 무시한 신중현에게는 탄압이 이어졌다. 1975년의 가요정화운동과 대마초 파동은 그의 한창 타오르던 창작의 불씨를 잿더미로 만들었다. 그는 대마초의 왕초라는 이름으로 활동을 금지 당했으며 모든 곡은 금지곡의 멍에를 써야만 했다. 그는 징역 1년 6개월에 집행유예 3년을 선고받았다. 1978년 그의 공연 활동이 해금^{解禁}되었고 1979년 모든 활동 금지 조치가 풀렸다. 재기의 활화산 같은 기쁨은 그에게 새로운 희망을 불어넣었고 이러한 기운은 1980년 9인조 록밴드 '신중현과 뮤직 파워^{Music Power}'로 탄생되었다.

《신중현과 뮤직파워 1집》1980을 통해 다시금 연주된 〈아름다운 강산〉은 정권의 찬가를 거부하고 국민을 위한 노래로 만들겠다던 그의 의지가 발현된 곡으로, 순식간에 고전이 되었다. 신중현은 계속해서 이남이, 서일구와 '세 나그네'1982를 만들었으며, 특히 우리의 정서와 서양 음악의 화합을 시도한 〈내〉 라는 곡이 특별함을 더했다. 1982년 10월, 신중현은 대전 호텔 쇼무대에서 활동하며 전기기타를 가야금과 같이 개조해, 가야금 연주와도 같은 전기기타 연주법을 한국식으로 보여주기도 했다. 당시 개조한 전기기타는 한국적인 록을 일관되게 지향했던 거장에게 터닝 포인트가 되었으리라.

이후 1986년에는 라이브 클럽 '록 월드Rock World'를 개관하여 록 뮤지션들의 연주공간을 마련하였고, 그 후 개인 스튜디오이자 카페인 '우드스탁Woodstock'을 차리는 등 1980년대 중반 이후 다시 활발한 활동을 재개하며 한국적 록의 완성을 위한 작업에 매진한다. 그 결과 음악계 데뷔 35주년을 기념하여 내놓은 역작《무위자연無爲自然》1994을 통해 한국 전통음악과 록을 접목시킨 그의 대표작들을 집중적으로 소개하고 있었다. 얼마 후 조선 후기의 시인 김방연김삿갓의 시를 가사로 해 쓰여진 모든 곡에 국악적인 선율미를 채색한《김삿갓》1997을 발표한다. 전작인《무위자연》에서 시도한 원맨 밴드One Man Band로서의 역량이 만개한 작품이었다.

이후 8년만인 2005년 9곡의 신곡이 실린《도시학都市鶴》2005과 기존의 히트곡들을 새롭게 재해석한《안착》2005을 발표한다. 2006년 은퇴 라이브 무대를 끝으로 이 거장의 공식적인 음악 활동은 접은 상태다. 2010년 초 거장의 강렬했던 50년 음악 역사를 총 9장의 CD로 집대성한 기념비적인 앨범《신중현 Anthology Part.I&II》가 발표되었다. 필시 한국 대중음악사에 있어서도 중요한 사료적 가치를 부여해 주는 절대적인 바이블로 자리매김할 것임은 분명하다.

감히 범접할 수 없는 거장의 외길 음악인생을 묵묵히 따라가고 있는 세 아들들 신대철·신윤철·신석철 역시 모든 이들도 다 끌어안을 수 있는 거목으로 서기를 바라마지 않는다.

당신들 덕분입니다
조용필 / 신중현 / 산울림 김창완 / 한대수 / 이정선

대한민국 록 워크에 각인된
아트 버스터Art-buster [1]

산울림

김창완

Kim Chang Wan

김창완이 친동생 김창훈, 김창익과 함께 만든 그룹 『산울림』은 실제로 직업적인 록그룹이 되기 위해 앨범을 만든 건 아니다. 1972년 경 그가 집에 500원짜리 기타를 들고 와서 형제끼리 노래를 부른 것이 음악의 시작이었다. 얼마 후 김창훈이 기타를 하나 더 장만하자, 할 일이 없는 막내 김창익은 전화번호부와 노트 등을 방바닥에 놓고 드럼 흉내를 내면서 그들의 음악을 표현하였다고 한다.

1977년 대학을 졸업서울대 농대 잠사학과하면서, 그동안 작곡을 해두었던 약 150여 곡들이 아까워서 마지막으로 정리하는 기분으로 그들은 한 장의 앨범을 내기로 하였다. 우여곡절 끝에 레코드 회사에서 녹음을 허락했고, 녹음 당일 취직시험이 있었지만 그는 과감히 녹음을 하기로 결정하고 방향을 바꾼 것이 바로 『산울림』의 탄생이었다.

록음악이 그다지 대중화되지 못한 70년대. 1집 《산울림 새노래모음》1977은 록

---

1) **Art-buster** : 대중적으로 성공을 거둔 예술영화 Art film 과 blockbuster 의 합성어로 예술성을 갖춘 블록버스터를 뜻하는 신조어

당신들 덕분입니다
조용필 / 신중현 / 산울림 김창완 / 한대수 / 이정선

파격, 혁신, 창의성 그리고 아이와 같은
순수함을 담은 탁월한 작품들로
우리 대중음악의 역사를 다시 쓰게 만든
밴드 산울림의 김창완은 대한민국
록 워크에 각인된 아트버스터이다

당신들 덕분입니다
조용필 / 신중현 / 산울림 김창완 / 한대수 / 이정선

앨범으로서는 최초의 히트앨범이었고, 한국 대중음악 사상 '가장 문제적 데뷔 앨범'으로 평가되어 오고 있다. 공전의 히트를 기록했던 〈아니 벌써〉와 〈문 좀 열어줘〉, 〈불꽃놀이〉, 〈안타까운 마음〉 등의 곡들을 통하여 이들이 들려준 독특한 사운드, 생동감 넘치는 리듬, 신선한 멜로디 등은 당시로서는 하나의 문화충격이었다. 여기에 구어체 문장을 그대로 가사로 사용해 위트와 패러독스가 생동감 있게 표현된 노랫말 역시 우리 가요계 발전에 커다란 시금석試金石이 되었다.

바로 얼마 후 발표한 《산울림 제2집》1978을 통해 프로그레시브와 헤비메탈까지 도입한 '산울림'의 실험적이고 파격적인 행보는 대중적으로도 엄청난 호평을 받게 된다. 3분 25초에 달하는 베이스 기타의 기백을 보여준 〈내마음에 주단을 깔고〉, 〈어느날 피었네〉와 헤비메탈 스타일에 보컬 하모니가 절묘하게 조화를 이룬 〈노래 불러요〉. 프로그레시브적인 분위기와 서정적인 발라드 형식을 결합한 〈둘이서〉, 전통 가락을 현대화한 〈떠나는 우리 님〉 등은 당시로서는 '산울림'만이 할 수 있는 새로운 시도였다.

그 해 서울 문화체육관에서 열렸던 첫 공연은 새벽부터 장사진을 치는 소동과 관객들이 던진 꽃으로 무대가 뒤덮이는 난리통을 벌이는 등 많은 화제를 낳았으며, 자유분방하고 실험적인 음악정신에 젊은이들의 열광이 뒤따랐다. 당시 77년생 아이는 '산울림동이'로 불렸을 정도이니 가히 그 인기를 짐작할 수 있다. 1, 2집은 각각 50만장에 달하는 공전의 히트를 거두었고 앨범 한 장만 내겠다는 당초의 계획은 수정되었다. 이러한 대중적 성공을 거두면서 '산울림'은 '프로'가 되었다. 이 듬해에는 동요와 옴니버스 앨범을 포함해 일 년에 무려 네 장의 앨범을 발표하는 위력시위를 했다.

상업적 참패를 맛 본 그들의 《산울림 제3집》1978은 그들의 앨범 중 가장 실험정신이 충만한 앨범으로 한국 록 역사상 주목해 봐야 할 명작 중 하나이다. 록 성향이 강한 김창훈의 역할이 두드러진 본작은 1, 2집에서 보여줬던 올겐 사운드를 완전히 배제하고 좀 더 직선적이고 필이 충만한 사운드를 들려준다. 일본의 일부 평론가들은 이 앨범의 곡들을 평하며 '산울림'을 우리나라 메탈의 효시로 보기도 했다.

연극, 영화, 드라마 등의 주제 음악을 옴니버스 형식으로 만든 편집앨범 《산울림 제4집》1979과 창훈과 창익의 군입대 전에 기획해 놓았다가 두 동생들의 휴가 기간을 이용해 마무리 지은 《산울림 제5집》1979에는 김창완이 17세에 작곡한 '산울림'의 빼놓을 수 없는 명곡 중의 하나인 〈왜! 가〉가 수록되어 있다. 광주의 5월을 덮어버린 노래는 물론 조용필의 〈창밖의 여자〉였지만 〈창문 너머 어렴풋이 옛생각이 나겠지요〉를 위시하여 《산울림 제6집》1980의 B면을 가득 채우고 있는 발라드들도 결코 무시못할 지분을 행사했다. 이 앨범으로 '산울림'은 다시 달러박스dollar box의 지위를 회복했으나 김창완 자신이 실토했듯 '그것은 잘못 들어선 골목'과 같은 것이었다. 그럼에도 불구하고 그의 발라드 언어들은 숱한 '사랑타령'과 확연히 구별되는 순결함이 아롱거린다.

《산울림 제7집》1981은 조용필의 3집, 변진섭의 1집에 비견되는, 셀 수 없는 히트 싱글이 연속적으로 포진되어 있다. 제대 후 돌아온 형제들의 연주도 물이 오를 대로 올랐으며 김창완만의 시정詩情 또한 거의 샘물과도 같이 흘러넘친다. 〈가지마오〉로 포문을 열면 〈독백〉, 〈하얀 밤〉, 〈청춘〉, 〈노모〉, 〈하얀 달〉 등 무수한 보물들이 연이어 차례를 기다린다. 이 앨범은 지금 필자와 같은 정서를 공유한 세대가 가슴속에 간직하고 있는 서한집書翰集인 것이다. 상업적 성공을 한 발짝 더 연장시킨 《산울림 제8집》1982의 히트곡 〈내게 사랑은 너무 써〉는 김창완을 러브 발라드의 히트메이커로 오인하게 하기에 충분했고, 방송가를 장악하기 시작한 오빠부대는

당신들 덕분입니다
조용필 / 신중현 / 산울림 김창완 / 한대수 / 이정선

김창완 밴드

용서

자신의 우상을 하나하나 만들어가기 시작했다. '산울림' 또한 그 덫에 걸린 것으로 보였다. 하지만 그의 고전 〈회상〉이 이 앨범에 수록되어 있다는 사실 하나로 모든 것이 용서될 수 있었다.

자기비판 후에 본래의 자리로 돌아온 《산울림 제9집》1983은 김창완 스스로가 가장 애착해하는 역작이었지만 대중들은 이 앨범의 숨은 가치를 거절했다. 3인조 형제 밴드로서 '백조의 노래'이기도 한 이 앨범은 전작들에 비해 획기적인 3인 밴드 최상의 사운드를 들려주었으며 〈소낙비〉, 〈황혼〉과 같은 보석같은 곡들이 빛을 발한다. 9집을 끝으로 해체한 '산울림'은 김창완의 '1인 산울림'으로 3장의 음반을 내며 '산울림'의 디스코그래피를 채워나간다. 혼자 남은 김창완은《김창완 1집 : 기타가 있는 수필》1983에서 〈어머니와 고등어〉를 히트시키며 이후 계속되는 솔로여정의 성공적인 첫 삽을 뜬다. '산울림'이라는 프레임으로도 메꿀 수 없었던 넘치는 그의 상상력이 자연스럽게 발효된 걸작이다.

《산울림 제10집》1984은 선율의 내면적인 아름다움과 순수한 통찰력이 빛나는, 꺼지지 않는 창작열이 유감없이 증빙된 앨범이었다. 총 13곡 중 〈너의 의미〉가 히트되었다. 그리고 프로듀서로서는 TV 베스트셀러 극장 등의 음악작업을 담은《산울림 제11집》1986이 있다. A면에는 〈안녕〉, 〈슬픈 장난감〉 등이 수록된, 5집에 이어 극한적으로 내성에 파고드는 12집 사이의 간이역이라 할 수 있으며, B면은 그간의 4장에 걸친 동요작업의 1차 완결판이기도 하다. 그가 양산한 〈개구장이〉, 〈산할아버지〉, 〈안녕〉 등의 인기곡들이 포진한 동요 앨범들 역시, 그의 천진무구한 창작적인 감수성이 뽑아낸 새로운 시도였다. 이후 자신이 작업하고 노래한 드라마 음악을 모아《산울림 김창완의 새로운 여행 TV드라마 음악》1987을 내고 〈꼬마야〉를 히트시킨다.

《산울림 제12집》1991은 "시각적 요소를 우위에 내세운 90년대 감수성에 소리

없이 침몰해버린 베테랑의 유연한 소품"이란 평가를 받으며 시장에서 완벽하게 버림을 받았다. 1995년 2월 의도적인 그로테스크함이 강조되며 꼭두각시화된 잠옷을 입은 김창완의 사진이 담겨진《김창완 2집 Postscript》1995가 나왔다. 이 앨범은 이후 1997년 14년 만에 형제들이 모여 완전한 록 밴드로서 펼쳐 보이게 되는 새로운 음악세계의 시발점으로 자리할만한 작품이었다. 《산울림 제13집》1997은 물론 최근의 '김창완 밴드'에서 그가 들려주는 신선한 사운드의 원형이 여기에 담겨 있었다. 삼형제 록그룹 '산울림'의 복귀는 신선함과 충격 이상이었다.

'산울림'은 90년대의 록 평론가들에 의해 '신중현', '들국화'와 더불어 한국 록 역사의 가장 우뚝 선 봉우리로 평가 받고 있음은 두말할 나위 없다. 2008년 '산울림' 해체 후 탄생한《김창완 밴드 1집》은 막내 고故 김창익의 죽음으로부터 벗어나려고 했던 앨범이었고, 《김창완 밴드 2집 분홍 굴착기》2012는 '산울림' 35주년을 기

념한 지극히 주관적인 '김창완 밴드'식 선곡과 사운드로 이루어진 '산울림' 리메이크 앨범이었다. 기다린 보람이 있어서일까. 드디어 재작년에 "이번에 발매된 3집이야말로 김창완 밴드의 독보적인 길을 개척하는 앨범이 아닐까 싶다"는 출사의 변과 함께 원 테이크 녹음 방식One-take Recording이 주는 긴장감과 매 순간 완성되는 공간의 미학이 온전히 담겨진 《김창완 밴드 3집 용서》2015가 발매되었다.

그룹 '산울림'의 핵심으로서 전무후무한 음악세계를 창조했던 김창완. 그의 음악은 어떤 장르에 있더라도, 상투적인 문법을 거부하는 창의성으로 빛난다. 파격, 혁신, 창의성 그리고 아이와 같은 순수함을 담은 탁월한 작품들로 한국 대중음악의 역사를 다시 쓰게 만든 밴드 '산울림'. 더 이상 고유명사가 아니고 보통명사가 되어버린 그 이름은 1977년부터 시작되어 지금까지 이어지는 모든 록적인 시도를 가리키는 단어가 되어버렸다.

모던 포크의 페르소나 Persona

—

한 대 수

Han Dae Soo

한국 최초의 포크 록 가수이자 싱어송라이터로 평가 받는 전설적인 뮤지션 한 대수! 〈바람과 나〉, 〈행복의 나라로〉와 같이 한국 음악사에 명곡으로 기록되고 있는 곡들을 모두 18세에 작곡했던 이 천재 음악가는 의도했던, 하지 않았던 간에 음악을 통해 암울했던 한국 사회를 향한 자유와 혁명의 외침을 울려 퍼뜨렸고, 그의 이러한 음악 정신은 이제 수많은 후배 뮤지션들에 의해 리메이크되어 여전한 생명력을 자랑하고 있다.

우리나라 최초의 보헤미안 Bohemian 이자 아방가르드적 사고의 전환을 보여준 한대수는 한국 현대사를 반영하듯 롤러코스터와도 같은 굴곡 많은 삶을 살았다. 1948년 3월 경상남도 부산에서 핵물리학자인 아버지와 피아니스트인 어머니 사이에서 태어났다. 7살 무렵 아버지가 실종되고 뒤이어 어머니가 재가하는 바람에 신학자인 할아버지와 살았다. 그의 할아버지는 언더우드 박사와 함께 연세대학교를 설립하고 초대 학장과 대학원장을 지낸 한영교 박사다. 1958년 미국으로 이민

가 뉴욕에서 초등학교를 졸업했고, 한국으로 돌아와서 경남고등학교를 다니던 중 촉망받던 핵물리학자였던 아버지 한창석이 미국에서 갑작스럽게 실종되었다가 17년만에 발견된다. 그런 아버지의 소식을 접하고 다시 미국으로 유학을 떠난다.

1966년 뉴햄프셔 대학교에서 수의학을 전공하다 사진학교를 다니며 사진에 취미를 붙인 한대수는 1968년 귀국해 국내에서 포크가수의 삶을 시작한다. 디자인 포장센터에서 3급 공무원 디자이너로 일하며 대학가에서는 자신의 철학과 인생이 담긴 노래로 인상적인 공연을 펼친 그는, 자신이 만들고 김민기가 부른 〈바람과 나〉와 양희은이 부른 〈행복의 나라〉로 청중을 사로잡았다.

군 제대 후 곧장 앨범 제의를 받은 그는 하루만에 녹음을 마친 기념비적인 앨범 《멀고 먼 길》1974에 수록된 〈물 좀 주소〉로 전국에 센세이션을 일으키며 외국 곡을 번안한 곡만을 부르던 당시 포크계에 새로운 바람을 일으켰다. 1집 《멀고 먼 길》은 한국 대중음악이 비로소 '근대적 자아'를 얻어 모던 포크가 시작됐음을 알

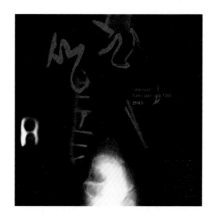

린 명반이며, 진정한 싱어송라이터의 등장을 알린 사건이었다.

    기성의 음악 문법을 일거에 뒤엎은 지적인 텍스트와 샤우팅을 앞세운 도발적 창법은 가요사에 새로운 음악적 원년을 새겼다. 한 문제적 개인이 축복처럼 나타난 것이었다. 그 안에는 한 사내의 울부짖음으로 시작하는 〈물 좀 주소〉, 삶의 권태에 관한 우화적 서사 〈옥의 슬픔〉, 지극히 서정적인 트랙 〈행복의 나라〉, 〈바람과 나〉 등 다양한 음악들이 포진했다. 세상과, 시대와 한 판 맞짱 뜨길 원한 그의 전복적 상상력은 이미 40년전 한국 대중음악에 펑크^{punk}가 발아했음을 생생하게 증명하고 있다. 하지만 이듬해, 『코리아 헤럴드』에서 기자 겸 사진작가로 활동하던 중에 발표한 그의 두 번째 앨범 《고무신》1975이 체제 전복적인 음악이라는 당국의 해석에 따라 수거령이 내려졌으며 1집도 같이 판금조치 당하는 불운을 겪는다. 그리고 그는 자신과 맞지 않는 시대를 사는 한국과 작별하고 미국행 비행기에 다시 오른다.

    그는 미국에서 대체적으로 평온한 생활을 보냈다. 아버지와의 관계나 사진작가로서의 직업은 그에게 안정을 가져다주었다. 그리고 록밴드 징기스칸^{Genghis Khan}을 결성해 클럽 CBGB 등에서 활동하며 음악에 대한 열정도 버리지 않았다. 하지만 20년간 같이 살았던 분신과도 같았던 아내와 헤어진 뒤 그의 영혼은 다시 가는 전선 위를 건너는 것처럼 날카로워지고 예민해졌으며 황폐해졌다. 이러한 정신적 방황은 곧 14년만에 작업한 새 앨범 3집 《무한대》1989로 이어졌다. 이 앨범에는 1집에 실렸던 〈하루 아침〉의 가사를 약간 바꾸어 다시 실었으며, 아내와의 이별에 대한 회한이 서린 〈나 혼자〉, 〈One day〉 등이 실려 있다. 이 후 그는 연이어 재즈를 실험한 《기억상실》1990, 미니멀리즘^{Minimalism}으로 내달린 《천사들의 담화》1991 등의 앨범을 연달아 내며 실험의 선구자임을 보여준다. 하지만 미국에서는 계속 사진 작가로 활동하며 다시 소시민적인 일상으로 돌아간다. 잊혀졌던 그를 다시 재조명한 것은 국내가 아니라 일본이었다.

　1997년 9월 일본의 록 스타 카멘 마키Carmen Maki를 앞세운 후쿠오카 공연은 그를 한국의 대표로 선정해 끊임없는 요청을 해 왔다. 자신을 한국의 대표가수로 선정한 그들의 태도에 반신반의하며 김도균, 이우창 등과 함께 연습한 한대수는 공연 당일 최고의 인기를 모았다. 일본에서의 호응으로 국내에서도 갑작스럽게 환대를 받은 그는 올림픽 경기장에서 펼쳐진 유니텔 록 콘서트 'Koreanism'과 양희은과의 '아주 특별한 만남' 등의 공연을 가지며, 박정희 정권에 의해 마스터가 소각된 2집 앨범 《고무신》1975을 LP에서 복각해 한 장, 그리고 1997년 후쿠오카 라이브 실황녹음 한 장, 총 두장에 담아 《1975 고무신 서울 ~ 1997 후쿠오카 라이브》1999를 발표한다. 더불어 여섯 번째 정규앨범 《이성의 시대 반역의 시대》1999를 국내가 아닌 미국에서만 발매한다.

　그가 뿌린 씨앗이었던 한국의 모던 포크가 서울 변두리의 좋은 풍광에 안주하고 있을 때, 그는 머나먼 뉴욕에서 자기혁신의 예술혼을 불태웠다. 결과는 60년대 개러지 록Garage Rock과 70년대 뉴욕 펑크의 정신을 직계한 듯한 정통 록 사운드. 강렬한 드럼 비트와 일렉트릭 기타를 등에 업은 한대수의 목소리는 그 어느때보다도 강하며, 격하고, 절실했다. 이후 영화 「공동경비구역 JSA」에 수록된 〈하루 아침〉과 〈하룻밤〉으로 계속 팬들의 사랑을 받았지만, "음악적으로 한계를 느낀다"며 "멍든 마음을 손에 들고" 음악계를 떠날 것처럼 회자되었던 한대수는 다양한 장르가 혼재되어 새로움을 노렸던 《Eternal Sorrow》2000와 달리 《고민 Source of Trouble》2002에서 한대수 음악의 정수를 심어냈다. 이 앨범은 김도균의 「정중동 Movement On Silence」2002, 이우창의 「나 없는 나 Selfless Self」2002와 함께 3CD 프로젝트 앨범 박스세트 《삼총사 The Three Musketeers》를 이루고 있기도 하다. 어쿠스틱한 포크와 굉음으로 가득한 헤비한 넘버들, 동요와 마리화나가

끝없는 바람
저 험한 산 위로 나뭇잎
사이 불어 가는
아 자유의 바람 저 언덕

당신들 덕분입니다
조용필 / 신중현 / 산울림 김창완 / 한대수 / 이정선

한 공간에 존재하는 기묘한 이 앨범은 지난 어느 앨범 못지않은 자기 고백과 여러 감정이 교차하고 있음과 동시에 새롭게 걸어가고자 하는 작가적 의지가 깊이있게 담긴 작품이다.

이후 한때 한대수의 마지막 스튜디오 앨범으로 일컬어지기도 했던 열 번째 앨범 《상처》2004가 발매된다. 아내와의 이별을 모티브로 한 〈상처〉 등 신곡 3곡과 기존 7곡을 전혀 새로운 느낌의 초기 어쿠스틱 사운드로 회귀한 걸작이다. 이른바 한대수의 마지막 스튜디오 3부작으로 불리는 《고민》 - 《상처》 - 《욕망》의 마지막 앨범인 《욕망》2006은 아내인 옥사나 알페로바의 파격적인 누드 사진으로 세간에 큰 화제를 불러 온 바 있었다. 장영규와 달파란, 방준석과 이병훈으로 이루어진 창작집단 '복숭아 프로젝트'가 참여한 이 앨범은 생존의 존재증명으로서의 욕망을 앨범 곳곳에 투영하고 있다. 특유의 천진난만과 그로테스크한 실험적 충격이 오가는 문제작이었다.

그리고 첫 음반 《멀고 먼 길》1974을 낸 지 40주년을 맞은 한대수의 음악적 성취

1978 고무신 서울 - 1997 후쿠오카 라이브

를 기리기 위해 그의 음악에 영향을 받은 후배 음악인들이 한자리에 모여 한대수의 명곡들을 재해석한 11개의 헌정 트랙과 한대수의 신곡 2개 트랙으로 이루어진 트리뷰트 음반《한대수 40주년기념 `Rebirth`》2015을 발표했다. 한대수라는 거대한 존재에 대한 존경심을 지닌 후배 뮤지션들의 적극적인 참여와 재능 기부, 크라우드 펀딩과 팬클럽의 후원금 등을 통해 이 앨범은 비로소 실체화될 수 있었다. 더불어 작년 4월 25, 26일, 2회에 걸쳐 LG아트센터에서 〈한대수 40주년 기념 트리뷰트 컨서트〉도 개최되었다. 삶과 음악이 하나였고, 목소리 자체가 우리에게 주는 메세지였던 한국의 유일무이한 히피 뮤지션 한대수. 억압의 시대에서 자유와 사랑을 외쳤던 그의 거침 없는 목소리는 오늘날의 우리에게도 여전히 울림을 주고 있다. 도올 김용옥은 "그는 영원히 다시 평가될 수 밖에 없는 거물이요. 거장이요. 거인이다. 그리고 아직도 살아있다"라고 한대수를 평하였다.

　　한국을 떠나 뉴욕으로 이주할 것이라는 안타까운 기사를 접한 지 얼마후 2006년 이후 10년만에 정규앨범을 녹음중이라는 반가운 소식을 들었다. 안도의 긴 한 숨과 함께 기립 박수를 보내고 싶었다. 봄소식과 함께 꼬옥 찾아뵈어야겠다.

당신들 덕분입니다
조용필 / 신중현 / 산울림 김창완 / 한대수 / 이정선

포크 블루스의 마에스트로Maestro

—

이정선

Lee Jung Sun

한국 대중음악에서 포크와 블루스 음악의 흐름을 이끌었던 대표적인 싱어송 라이터이자 기타 연주자인 이정선은 김민기가 올라선 봉우리나 언더그라운드의 대부 조동진이 지향하는 지점과도 일치하는 거장의 또 다른 이름이다.

1973년 명동 YMCA '이정선 노래 발표회'로 음악활동을 시작해 1974년부터 한영애 · 이주호 · 김영미 등과 통기타 포크그룹 '해바라기'를, 1979년부터는 이광 조 · 엄인호와 '풍선'을 만들어 활동하였다.

'풍선' 시절부터 두드러지던 블루스적 색채는 1986년 엄인호 · 김현식 · 한영 애 · 이광조 등이 참여한 '신촌 블루스'에서 만개한다. 이후 2003년도에 발매된 《Handmade》까지 총 11장의 솔로 앨범을 통해 포크와 블루스를 오가며 현재까 지 45년간 한국적 싱어송라이터 음악의 모범이 되고 있다. 현재 이정선 밴드와 함 께 공연 활동을 하고 있으며, 1998년부터 동덕여자대학교 실용음악과 교수로 재 직 후 2016년 2월 정년 퇴임했다. 그 해 3월부터 서울종합예술실용학교 교수로 다 시 후학을 양성하고 있다.

　　기타를 배우려는 이들의 바이블Bible 『이정선 기타교실 1권』1985을 시작으로 지
금까지 수십여권의 전 국민적 기타교본을 집필하며 기타음악 보급에 앞장 서 온
이정선은 대구 출생으로 육사 군악대장 부친을 두었다. 용산고 1학년, 비교적 늦
은 나이에 기타를 처음 시작한 그는 1969년 서울대 미대 조소과 재학중 육군본
부 군악대에 입대한다. 군악대에서 수지폰을 비롯한 각종 악기를 연주하며 편곡
을 담당했었고, 군복무 후 아르바이트 삼아 노래를 불렀던 것이 계기가 되어 본
격적인 음악의 길로 들어서게 된다. 그는 훗날 군악대 생활을 통해 작사, 작곡, 편
곡, 연주, 노래 등의 음반제작 전 과정을 혼자서 처리할 수 있는 음악적 기반을 갖
추게 되었다고 회고했다.

　　군 제대 다음해인 1973년 2월에 명동 YWCA 대강당에서 '이정선 노래 발표회'
를 열어 공식적인 첫 데뷔무대를 가졌다. 세간에 알려진 것과는 조금 다르게 그의
첫 독집은 1973년 별다른 홍보도 없이 세상에 나왔다가 사장死藏된《이정선 노래
모음》이다. 경쾌한 느낌의 타이틀곡 〈이리저리〉와 이정선의 초기 블루스 포크 명

곡 〈거리〉 등 10곡의 창작곡들로 구성된 이 음반은 단기간에 만든 포크록에 가까
운 질감을 시도한 음반이었다.

　　마침내 비운의 걸작 《이정선 1집》1975을 발표한다. 앨범 발매 바로 한달여 전
인 1975년 5월 '긴급조치 9호'가 발표되면서 대중가요에 대한 대대적인 검열이 이
루어졌다. 이른바 '노래의 분서갱유焚書坑儒'였다. 허락 받은 노래만 불러야 하고 허
락 받지 않는 노래를 부르면 큰일나는 시대가 된 것이다. 당시 대중들은 귀와 입을
빼앗긴 것이다. 유신체제의 최절정기에 이른 정부에서는 3차에 걸쳐 222곡이라
는 금지곡을 선고한다. B면 첫 곡인 〈거리〉의 가사 —말을 하는 사람은 많아도 / 말
을 듣는 사람은 없으니 / 아무도 듣지 않는 말들만이 거리를 덮었네— 와 앨범 표지
에 실린 이정선의 장발이 검열에 걸려 앨범 전체 수거령이 내려졌고, 모든 곡이 금
지곡 목록에 오르는 비운을 맞게 되었으며, 결국 머리를 짧게 자른 단발 사진으로
커버를 대체하고 〈거리〉를 뺀 앨범이 이듬해 재발매 되었다. 비로소 〈섬소년〉으로

인기를 얻기 시작한다.

　1974년부터 중창단의 진영으로 빼어난 선율과 화음의 융화를 선보이며 모던 포크계열의 선두에 섰던 혼성그룹 '해바라기'는 처음엔 김의철을 리더로 한영애 · 김영미 · 이광조가 한 팀이 되어 명동에 있는 업소를 중심으로 노래를 불렀다. 김의철의 자리를 이정선이 맡게 되고 이광조가 군대에 간 사이에 이정선과 자주 콘서트를 가졌던 이주호가 들어와 4인조의 진영을 갖추면서 《이정선 2집》1976을 발표한다. 다음 해에 낸 《해바라기 노래모음 제1집》1977 에는 기타를 든 청년들에게 주요한 레퍼토리를 제공해 준 곡인 〈구름, 들꽃, 돌, 연인〉 의 오리지널 버전이 담겨 있다. 이 음반의 성공에는 이미 2장의 솔로 앨범으로 독창적인 음악세계를 과시한 이정선이 프로듀서의 위치에서 참여했기에 가능한 일이었다.

　여세를 몰아 《이정선 3집》1977을 발표한다. 이 앨범에도 역시 1집으로 많은 사랑을 받은, 그리고 이주호 대신 이광조가 합류한 《해바라기 노래모음 제2집》1979에 실려 히트를 한 〈뭉게구름〉이 자리하고 있다. 이 앨범을 끝으로 엄인호, 이광조와 '풍선'이란 그룹을 만들어 활동했고 한영애는 연극계로, 김영미는 유학을 떠난다.

당시 이정선은 각자의 개성과 자유를 최대한 보장하면서도 음악적 지향점이 비슷하게 모아지는 방향으로 조금은 느슨한 음악공동체 활동을 지속적으로 병행했던 것으로 보여진다. 《이정선 4집》1979에는 TBC 해변가요제에서 '징검다리'의 노래로 대상을 차지한 〈여름〉이 담겨있다. —왕영은이 소속된 혼성중창단 '징검다리'를 해변가요제에 내보내 당대 최고의 인기 가수의 반열에 올려놓기도 한다.—《이정선 5집》1980과 《이정선 6집》1981을 연이어 발표하고 통기타 중심의 어쿠스틱 사운드를 다양한 표현과 악기를 사용하여 장인적인 솜씨로 다듬어 낸 걸작이라 불리는 《이정선 6½집》1981을 발표한다. 이전 음반에 수록되었던 곡들을 다시 연주한 것과 신곡을 반반씩 수록했기 때문이다.

이 앨범 이후 4년간의 공백기를 거치며 블루스적 완성미가 최고도에 달한 《이정선 7집 30대》1985를 발표한다. 1983년부터 엄인호·한영애·김현식·이광조 등과 함께 '신촌블루스'라는 정기적인 연주모임을 시작하고, 김광석의 리메이크 곡으로 유명해진 〈그녀가 처음 울던 날〉과 다양한 주법과 변칙 튜닝으로 기타 장인의 면모를 유감없이 보여준 명곡 〈우연히〉가 담긴 7집을 기점으로 완전히 블루스를 중심에 둔 일렉트릭 사운드로 전환한다. 더불어 1984년부터 세광출판사에서 기타교본을 출판하면서 1990년에는 출판사를 직접 설립해 연주악보를 50여권 출판하며 대중음악 발전에 지금도 일조하고 있다.

1986년 김영미의 일시적인 귀국으로 같이 모이게 된 '해바라기'이정선, 한영애, 이광조, 김영미'는 라디오를 중심으로 아주 많은 사랑을 받은 〈우리가 지금은 헤어져도〉, 〈우리네 인생〉이 수록된 고별 앨범 《해바라기 노래모음 제3집》1986을 발표한다. 이후

80년대 후반에는 국내 최초로 블루스 음악을 시도해 '블루스의 한국적 전이轉移' 란 대중음악사 최고의 찬사를 받고 있는 '신촌 블루스'의 창단 멤버로 한국적인 록의 지평을 확산시킨 공로를 인정받고 있다.

이어 8집《Ballads》1988 앨범에서는 훗날 조하문의 리메이크 곡으로 밀리언셀러가 된〈같은 하늘아래〉, 봄여름가을겨울에 의해 다시 불려진 명곡〈외로운 사람들〉로 절정의 인기를 구가한다. 전체적으로 기타 위주의 편곡은 아니지만 여전히 그의 느릿하고 블루지한 기타 소리는 수줍은 듯 살아 있었다. 2년 후 발매한 숨은 걸작 9집《우雨》1990을 거쳐 1994년에는 언플러그드의 세계적 유행을 수렴해 10집《Unplugged》1994란 앨범으로 기타로 낼 수 있는 화성의 세계를 모두 보여주었다. 이 앨범을 통해 이정선은 열번 째의 앨범, 햇수로 20년이 넘은 지금에야 음악을 통해 편안함을 느끼게 되었다고 소회했다.

10집을 낸 지 9년여만에 그의 70년대 '해바라기' 시절의 포크 록, 80년대 '신촌 블루스' 시절의 블루스 록의 궤적들과 음악 역정을 고스란히 담아 낸 11집《Handmade》2003 앨범이 발매되었다. 요즘 음악들이 너무 인위적이어서 그런지 손맛이 그리워서 음반 이름도 핸드메이드Handmade로 했다고.

더불어 데뷔 45년 차의 이 거장은 2003년 조규찬 · 김현철 · 윤종신 · 정경화 · 동물원 · 봄여름가을겨울 · 부활 등 스물넷팀의 후배들로부터 트리뷰트 앨범《Lee Jung Sun FOREVER》2003을 헌정 받았다. 이것이야말로 대한민국 대중음악계에서 차지하는 그의 존재가치를 평가하는 증명서임에 이의가 없다. 오롯이 기타 하나로 표현할 수 있는 가장 쉽고 편안한 음악을 벼리고 다지고 있는 현재진행형의 이 거장이 머문 자리에는 언제나 진짜 음악이 있었다.

Part 2

그들에겐 진짜로 날개가 있었다

일어나요, 광석이형

___

김 광 석

Kim Kwang Seok

서른 즈음에 떠난 그가 남긴 조촐한 디스코그래피Discography는 4장의 정규앨범과 2장의 비정규앨범, 그리고 사후 발매된 미공개 라이브 실황반을 포함해 그리 많지 않다. 어느 평론가의 말처럼 TV없이 스타가 될 수 없었던 1990년대에, 1천여 회를 상회하는 콘서트만으로 대중음악계를 제패한 유일무이한 인물, 바로 가객歌客 김광석이다.

그는 특히나 사후에도 끊임없이 재조명되고 있으며, 그의 인기는 오히려 더 높아지고 있음은 두말 할 나위가 없다. 바로 얼마전 제20회 부천국제판타스틱영화제Bifan를 통해 대중들에게 공개된, 그가 떠난 지 20년, 그의 죽음을 둘러싼 각종 의문들을 사망 당일로부터 20년간 현장 취재한 충격적 영상 보고서인 『일어나, 김광석』Who Killed Kim Kwang-seok?, 이상호 감독을 통해 다시금 김광석의 삶과 음악, 그리고 포기할 수 없는 진실들을 담아내며, 오래도록 그의 노래에 빛진, 그 만큼 고통스런 진실과 맞닥뜨리게 하고 있다. 그래서였을까? 때때로 그의 음악을 들을 때마다 이유없

이 가슴이 먹먹해져 오던, 추스릴 수 없는 그리움을… 그렇게 허망하게 그를 떠나보낸 지금에서야 알 수 있었다.

김광석은 1964년 1월 22일 대구 대봉동에서 3남 2녀 중 막내로 태어났지만, 아주 어릴 적 그의 가족은 서울로 이사를 하게 됨에 따라 그는 서울에서 성장한다. 중학교 때 현악반에 가입해 바이올린, 오보에, 플루트 등의 악기를 배우며 악보 보는 법을 익혔고, 고교시절엔 합창단에서 노래했다. 고3시절부터 그는 제법 괜찮은 곡들을 작사·작곡했는데, 〈그대 웃음 소리〉는 그때 만들어진 노래였다.

1982년 명지대 경영학과에 진학 후, 민주화 시위로 온 세상이 들끓었던 시절 그는 노래로 세상과 소통하고, 세상과 화해했다. 그러다 김민기의 록 오페라 〈개똥이〉 음반에 참여했고, 그러면서 김창기·유준열 같은 또래 음악 지망생들과 음악적 교류를 하게 된다.

1984년에는 대학생들의 노래패로 훗날 대중적으로도 큰 반향을 불러 일으켰던 '노래를 찾는 사람들일명 노찾사'에 가입하였고, 노찾사 1집 작업에 참여했다. 이후 김창기·박기영·박경찬·유준열·최형규·이성우 등과 함께 '동물원'을 결성했다. 처음에는 멤버들이 모여 취미삼아 노래했는데, 우연히 이들의 음악을 접한 산울림 김창완의 권유로 1988년 1월 데뷔 음반을 발매하게 되었다. 그 풋풋하고 신선한 청춘의 음악은 대학가는 물론이고 일반 대중들에게도 큰 호응을 얻었으며, 음반 시장에서도 돌풍을 일으켰다. 특히, 〈거리에서〉는 큰 인기를 누리는데, 여기서 절절한 창법을 선보인 김광석도 주목을 끌게 되었다.

같은 해 9월 발매된 동물원의 2집에서도 김광석은 도드라졌다. 여러 곡이 히트했지만, 여기서 가장 각광받은 곡 역시 그가 노래한 〈흐린 가을 하늘에 편지를 써〉였다. 한 해 두 장의 음반을 내놓고 대학가의 스타 그룹이 된 이들은 향후 진로를 놓

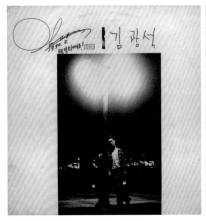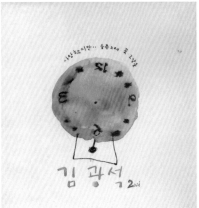

고 고민을 해야 했다. 그렇지만 멤버들은 여전히 그룹 활동을 취미 정도로 여길 뿐이었다. 평생 노래하는 사람으로 살기를 원했던 김광석은 보다 본격적인 가수 활동에 전념하기 위해 그룹을 탈퇴했다. 그리고 1989년 대망의 데뷔 음반을 출반하면서 가객歌客 김광석의 시대를 열어가기에 이른다.

1989년 9월 20일 출시된 《김광석 1집》1989은 당시 미완의 대기였던, 하지만 열정만큼은 그 어느 때보다 뜨거웠던 김광석의 음악 혼이 빛을 발하는 음반이다. 김광석 전설의 서막을 장식한 기념비적인 첫 번째 음반에 수록된 10곡 중 〈너에게〉, 〈기다려줘〉, 〈그건 너의 자신을 사랑하지 않는 때문이야〉, 〈아스팔트 열기 속에서〉 등 4곡을 제외한 6곡을 자신의 자작곡으로 채웠다. 혹자들의 비평을 뒤로하고 대중들은 새롭게 출발하는 김광석에게 환호를 보내주었으며, 데뷔 음반으로는 나쁘지 않은 판매고를 기록했다. 특히 〈기다려줘〉 같은 곡은 동물원 시절 히트곡과 버금갈 정도의 사랑을 받았다.

《김광석 2집》은 1991년 2월 20일 발매되었다. 이때 김광석은 이미 알 만한 사람은 다 아는 라이브 스타였고 대학가의 우상이었다. 총 10곡이 담긴 2집에서는

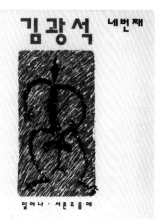

한동준의 〈사랑했지만〉, 김형석의 〈사랑이라는 이유로〉, 김광석의 자작곡 〈슬픈 노래〉가 대중적인 사랑을 받았다.

2집과 같이 다양한 작곡가들이 참여한 《김광석 3집》1992에서도 〈나의 노래〉와 〈잊어야 한다는 마음으로〉를 인구에 회자膾炙시킨 김광석은 《김광석 다시부르기 1집》1993란 이름으로 앨범을 내놓는다. 이 앨범은 과거에 그가 불렀던 노래들을 리메이크 형식을 취해 다시 발표한 앨범으로 무엇보다도 성숙해진 해석력이 돋보이는 김광석 최고의 결과물이기도 하다.

김현성의 〈이등병의 편지〉를 세상에 알린 그는 다음해 내 놓은 《김광석 4집》1994에서 〈일어나〉, 〈너무 아픈 사랑은 사랑이 아니었음을〉, 〈서른 즈음에〉, 〈바람이 불어오는 곳〉 등을 잇달아 히트시킨다. 자기 색깔을 제대로 내 보이며, 음악적 궤도에 올라선 앨범으로, 김광석 본인이 가장 마음에 들어했다는 4집에는 본인의 자작곡이 4곡이나 들어 있는 대한민국 대중음악 명반이기도 하다.

이후 김광석은 그의 디스코그래피Discography에서 가장 높은 곳에 자리매김한

《김광석 다시부르기 2집》1995을 발표한다. 이 앨범은 예전에 불렀던 곡들을 다시 부른 1집과 달리 그의 음악적 정체성을 보여주는 뛰어난 포크 음악의 고전들을 위주로 실었다. 한대수의 〈바람과 나〉, 밥 딜런Bob Dylan의 〈Don't think twice, It's all right〉을 리메이크한 〈두 바퀴로 가는 자동차〉, 이정선의 〈그녀가 처음 울던 날〉, 김목경의 〈어느 60대 노부부의 이야기〉 등이 실린 이 음반은 실질적인 유작遺作임과 동시에 대한민국 모던 포크 뮤지션 선배들에게 헌정한 앨범이라는 대중음악사적 가치가 높은 음반이기도 했다. 그리고는 1996년 1월, 새해 벽두부터 갑작스러운 비보를 접하게 된다.

석연치 않은 죽음을 뒤로 한 채, 그의 음악은 식을 줄 모르는 재평가와 재생산의 장을 열기 시작한다. 백창우의 〈부치지 않은 편지〉를 타이틀로 한 고인의 첫 번째 트리뷰트 앨범 《가객》1996을 시작으로 고인이 된 김광석의 육성으로 녹음된 곡들을 앨범 수록곡 전체에 수록하여 동료가수들이 같이 부르는 형식으로 녹음 된 《김광석 Anthology 1》2000을, 영화 「공동경비구역 JSA」에 삽입된 〈부치지 않은 편지〉와 〈이등병의 편지〉가 다시 인기몰이를 한다. 이듬해에는 그의 미발표곡과 히트곡을 체코 심포니 오케스트라Czech Symphony Orchestra의 반주에 입혀 《김광석 5th Classic》2001이 발표되었다가 이내 시장에서 자취를 감춰버리고 만다. 이후에도 주기적으로 위드33뮤직서해순을 통해 각종 편집앨범을 유통사를 바꿔가며 출시한다.

2004년 미공개 라이브 실황음원을 발굴한 소규모 레이블의 열정으로 9년여의 시간을 거쳐, 2012년 그 자유롭고 아릿한 떨림. 결코 끝나지 않을 김광석의 노래와 생명력을 고스란히 담아낸 《Unforgettable, Kim Kwang Seok》2012이 세상에 나왔다. 그리고 2014년, 김광석 탄생 50주년을 맞아 그의 노래에 담긴 진정성에 대한 헌정Hommage, 세대 간 음악을 통한 공감의 이음새가 되어줄 프로젝트 《김광석 Hommage 나의 노래 Part.1》2014이 발표되었다.

　《김광석 다시부르기 2집》1995이 김광석 자신이 대한민국 모던 포크 선배 뮤지션들에게 헌정한 앨범이라면, 《김광석 Hommage 나의 노래 Part.1》2014은 선·후배 뮤지션들이 김광석에게 헌정한 앨범이리라. 사후 19주기인 이듬해에도 이 프로젝트는 이어져 《김광석 Hommage 나의 노래 Part.2》2015도 발매되었다. 특히, 대한민국 트리뷰트 앨범 사상 최초의 기획으로 음악인을 넘어서 일반인, 대중들이 참여한 101명 김광석 팬들의 레코딩 참여로 이뤄낸 오마쥬 싱어롱 〈서른 즈음에〉 트랙이 담겨져 있었다. 장르와 세대를 아우르는 고인에 대한 특별한 헌정이었다.

　현재에도 여전히 진행 중인 김광석 신드롬, 그리고 스무 해 동안 숨겨져 있었던 진실의 조각들…. 수사권과 영장 한 장 없이 맨손으로 건져 올린 사실의 조각들….

　일어나요, 광석이형…

그들에겐 진짜로 날개가 있었다
김광석 / 김현식 / 신해철 / 유재하 / 조동진

일어나, 김광석 *Who Killed Kim Kwang-seok?*, 이상호 감독을 통해

고故 김광석의 삶과 음악, 그리고 포기할 수 없는 진실들을 담아내며,

오래도록 그의 노래에 빚진 그 만큼 고통스런 진실과 맞닥뜨리게 하고 있었다.

그래서였을까? 때때로, 그의 음악을 들을 때 마다 이유없이 가슴이 먹먹해져 오던,

추스릴 수 없는 그리움을… 그렇게 허망하게 그를 떠나보낸 지금에서야 알 수 있었다.

삶을 채워주던 진짜 노래

김 현 식

Kim Hyun Sik

　최근 노래가 주는 힘이 무엇인지를 보여주는 지상파 프로그램 중에서 SBS-TV '판타스틱 듀오'는 예상을 뛰어넘는 감동으로 매회 호평을 받고 있는 듯 싶다. 필시 그 이유는 시대가 지나도 회자膾炙되는 명곡이 있고, 깊은 울림을 준 가수가 있음이리라. 특히나 시간여행을 떠나는 듯한 고故 김현식·송창식·변진섭 등과의 특급 콜라보 무대는 감동의 잔향殘香이 너무나 진했음에 필자 역시 동의한다.

　자신이 데뷔하던 날. 고故 김현식이 세상을 떠났다고 밝힌 신승훈은 고故 김현식의 〈가리워진 길〉을 선곡해 짙은 감수성을 표현하며, 어디서도 듣지 못할 귀한 무대를 만들었다. 담담하지만 진심을 전하는 신승훈의 목소리와 마치 함께 부르는 듯 생생한 고故 김현식의 목소리가 어우러지며 묘한 감동을 자아냈다. 비가 내리면 더 그리워지는, 결코 길지 않았던 32년 삶에 남긴 짙은 목소리. 바로 고故 김현식이다. 그의 음악은 그의 인생에서 비롯되었고, 그의 철학과 사랑, 고독, 외로움이 음악 안에 너무나 진하게 녹아있다.

　　1958년 1월 7일 서울생인 고故 김현식은 원하던 고교 진학에 낙방 후 평소 좋아하던 음악을 연주할 요량으로 밴드부가 유명하다는 명지고에 진학을 하게 되었고, 밴드부에서 말썽을 일으키다 결국 중퇴를 하고 만다. 이후 그는 공부 보다는 이곳저곳 음악다방을 쫓아 다니며 제대로 배운 적도 없는 노래를 불러 잘한다는 이야기를 들으며, 어느새 여기저기 음악다방에서 노래를 부르게 된다. 이때부터 그의 천부적인 음악성이 드러나기 시작했고, 얼마 지나지 않아 밤무대까지 진출한다.

　　악보를 볼 줄은 몰랐지만 그만의 방식으로 이 무렵부터 곡을 쓰기 시작한다. 당대의 스타이자 실력자인 이장희에게 픽업된 그의 나이는 20살이었다. 하지만 그는 대마초에 손을 댐으로써 결국 첫 번째 시련을 맞이하게 된다. 생활은 피폐해지고 사람들의 손가락질도 받게 되었다. 이대로 주저앉을 수는 없었다. 그러기에는 음악을 향한 열정과 젊음이 허락하지 않았다. 이를 악물고 음반 준비에 매진한다. 당대의 테크니션technician인 '사랑과 평화'의 두 멤버 김명곤키보드, 최이철기타이 가세

69

그들에겐 진짜로 날개가 있었다
김광석 / 김현식 / 신해철 / 유재하 / 조동진

비가 내리고 음악이 흐르면

난 당신을 생각해요

당신이 떠나시던 그 밤에

이렇게 비가 왔어요

하면서 천군만마를 얻게 된다. 음반이 완성되자 대마초 가수라는 족쇄가 출시에 발목을 잡았다. 결국 그의 1집 《봄여름가을겨울 · 당신의 모습》1980은 거의 2년이 지나서야 발매될 수 있었다.

대중은 그를 철저히 외면했으며, 그에게 고난의 세월을 예고했다. 밀려오는 좌절과 외로움은 그를 또 한번 방황하게 했다. 그렇게 세월을 허비하던 1982년 어느 날 그는 우연히 들어간 옷가게에서 평생 배필을 만나 그녀와 결혼을 했고, 아들 완제를 낳았다. 이후 동부이촌동에서 1년 간 피자 가게를 열어 운영하다 가게 문을 닫고 다시 밤무대에 섰다. 다시 선 밤무대에서 그는 자신감을 얻었으며, 음악이 천직임을 깨닫게 된다.

이윽고 1984년 9월, 그의 2집 음반 《김현식 2》1984이 출시되었다. 다운타운가에서부터 그의 노래가 들려오기 시작했다. 서서히 오던 반응은 어느새 방송가로까지 전이되었다. 급기야 김현식 최초의 히트곡 〈사랑했어요〉가 인기를 얻게 되었고, 가수 김현식도 가수로서의 존재감을 대중들에게 확실하게 심어 주게 되었다. 김현식 시대의 개막을 알리는 축포가 되어준 2집 이후 그는 자신의 음악적 컬러를 강화하기 위해 백밴드Back Band '봄여름가을겨울'을 결성한다. 김종진기타, 전태관드럼, 장기호베이스, 박성식키보드, 유재하키보드로 이루어진 환상적인 라인업이었다. 비록 다음 음반이 나오기 전에 유재하는 탈퇴하고 말았지만 그래도 유재하는 김현식에게 자신의 곡 〈가리워진 길〉을 헌정한다.

'봄여름가을겨울'과 함께 1986년 12월 김현식은 3집 음반 《김현식 III》1986을 발표했다. 자타가 공인하는 그의 음악 인생 가운데에서 최고의 음반이었다. 엄밀히 말하면 이 음반은 김현식 자신만의 음반이라기 보다는 김현식과 '봄여름가을겨울'의 음반이었다. 모두가 혼연일체渾然一體가 되어 일구어 낸 결실이었으며, 나아가 우리 가요사에 길이 남을 명반이었다. 30만장 이상 팔려나간 이 음반의 성공은 김

그들에겐 진짜로 날개가 있었다
김광석 / 김현식 / 신해철 / 유재하 / 조동진

현식을 한국 언더그라운드 음악계의 대표 가수라는 이미지를 심어주었다. 이제 그는 누구도 무시못할 가공할 음악을 구사하는 거물로 부각되었고, 그런 자신에게 힘을 실어 줄 팬들도 확보했다. 그런데 그 화려한 시기에 그가 손을 댄 것은 대마초였다. 결국 그는 세상을 떠들썩하게 하고서 당시 언더그라운드 진영의 양대 산맥이었던 '들국화'의 전 멤버인 전인권, 허성욱과 함께 구속되었다. 이는 1980년대 화려했던 언더그라운드 음악의 종말을 고하는 서막이나 마찬가지였다.

그후 김현식은 팬들에 대한 사과의 뜻으로 삭발을 한 채 재기 공연을 가졌다. 1988년 2월의 일이다. 이 현장에는 6,000여명의 팬들이 움집하여 김현식을 감동시킨다. 그는 '봄여름가을겨울'이 없는 상태에서 다시 솔로로 돌아와 그 해 9월, 4집 《김현식 vol.4》1988을 발표하고 이어 또 다른 음악적 도전을 감행한다. '신촌블루스'와의 활동이었다. 여기서 그는 솔로 음반에서 보여주지 못했던 또 다른 면모를 과시하는데, 많은 사람들은 그가 〈골목길〉과 같은 노래에서 보여준 카리스마에 압도되었다.

그렇게 좋아하는 동료들과 어울리며, 변신을 위해 노력하던 그였다. 팬들은 이제 그가 안정을 되찾는 줄 알았지만 그러기엔 그의 영혼이 고통을 이겨내지 못하고 있었다. 결국 그는 마약 대신 술에 의지하게 되었고, 지나친 폭주로 몸과 마음이 피폐해져간다. 하지만 그 와중에도 창작에 대한 열의는 대단했다. 몸이 많이 상한 상태에서 5집 앨범의 녹음을 강행하여, 1990년 3월, 《김현식 5》1990을 발표한다. 마치 그는 뭔가에 홀린 사람처럼 5집이 나오기가 무섭게 6집 작업에 매달렸다. 그때부터 그가 세상을 떠날 때까지는 오직 술과 음악 뿐인 나날이었다.

그의 새로운 녹음 작업은 난항難航의 연속이었다. 노래를 부를 수 없을 정도로 만취한 상태로 나타나곤 했기 때문이다. 일상 생활을 하기에도 어려웠던 그는 우

그들에겐 진짜로 날개가 있었다
김광석 / 김현식 / 신해철 / 유재하 / 조동진

려한대로 회복할 수 없는 지경에까지 이르게 되었다. 결국 그는 1990년 11월 1일 오후 5시 20분 동부이촌동 자택에서 세상을 떠나고 말았다. 그의 나이 서른 셋이었다. 한 시대를 풍미한 가수의 죽음치고는 너무도 허망한 죽음이었다. 그리고, 너무도 이른 죽음이었다. 그가 생을 마감하고 두 달 후에, 미완未完으로 남겨진 녹음들을 모아 발표된 유작앨범 6집《Kim Hyun Sik Vol.6》1991은 〈내 사랑 내 곁에〉의 간절한 음악적 유언에 힘입어 1991년 내내 차트 톱을 지키며 2백만 장이라는 엄청난 판매고를 기록한다.

3년 전 1987년 11월 1일, 유재하를 먼저 떠나보낸 후 시작된 간경화 투병생활. 3년 후 같은 날에 유재하를 따라 떠난 그의 유작앨범이 김현식 최대 히트작이 되었던 것이다. 그리고 시대의 바통은 '서태지'라는 새로운 세대의 문화 아이콘으로 넘어가면서 1980년대 언더그라운드의 전성시대를 마감하게 된다.

고故 김현식이 생전에 내놓은 음반은 5장이 전부이고, 거기에 그가 참여한 '신촌블루스' 음반을 합치고, 여타 비정규음반까지 다 합쳐도 10장 정도에 지나지 않는다. 사후 발매된 6집과 1996년 7집이란 타이틀로 나온《Self Portrait》, 그리고 생전 병상에서 마지막으로 녹음한 신곡과 미발표 데모 21곡을 담은《2013년 10월》2013을 포함해서 그렇다. 그리 많은 양이 아닌 그의 음악에 지금까지 우리가 열광하는 이유는 바로 그의 목소리에 담긴 풍부한 스펙트럼spectrum이라고 생각한다.

그는 역동적이고 강렬한 창법을 구사하여 청자를 압도한다. 하지만 한편으로는 그만의 진한 페이소스pathos가 느껴지는 감성적인 창법으로 사람들의 가슴을 먹먹하게도 한다. 이런 마력이 그의 음악에서 더러 발견되는 멜로디의 진부함마저 상쇄시킨다. 불꽃같이 살다 간 고故 김현식의 노래는 결국 삶과 닮아 있었다. 삶과 닮은 노래가 가장 큰 울림을 전달한다. 그렇게 우리의 삶을 채워주던 그의 노래가 있었다.

그들에겐 진짜로 날개가 있었다
김광석 / 김현식 / 신해철 / 유재하 / 조동진

발군拔群의 뮤지션, 마왕

—

신 해 철

Shin Hae Chul

2016년 7월 19일 마왕魔王의 소환! 이라는 카피와 함께 고故 신해철 목소리가 담긴 미공개 음원 〈Cry〉가 공개된다는 기사를 접하고는 흥분을 감추지 못했었다. 하지만 동명의 모바일 RPG 게임의 BGM으로 사용된 것이라는 것을 알고는 이내 아쉬움을 달래야 했다.

2014년 10월 27일, 거짓말처럼 우리의 곁을 떠난 신해철. 우리는 '우리동네 음악대장'으로 무려 20주 동안 복면가왕에서 장기집권한 국카스텐의 하현우가 신해철의 명곡을 부름으로써 다시금 그를 그리워해야만 했다. 하현우는 〈일상으로의 초대〉, 〈민물 장어의 꿈〉, 〈Lazenca, Save Us〉 등 마왕의 빛나는 곡들을 선곡해 복면가왕의 자리를 지켰다.

그리고 지난 해 5월, 제19대 국회 마지막 본회의에서 마왕의 의료사고를 계기로, 의료사고 피해자나 유족이 소송을 통해 의료과실을 입증하는 —사실상 불가능한 현실 속 지리한 소송과정에서 비용, 건강 등 이중·삼중고를 겪는 의료사고 피해

76

자들의 어려움을 시민적 목소리로 발전시킨─ '신해철법'이 통과되었다는 기사를 접했다. 필자 역시도 '신해철법'의 찬성론자이기도 했다.

1968년 1남 1녀 중 둘째로 태어난 신해철은 중학교 2학년 시절에 '맨입브라더스'를 시작으로 이후 고교 시절 밴드 '각시탈'을 결성하면서 음악활동을 시작한다. 1987년 서강대 철학과에 입학해 어린시절 친구 등과 함께 밴드 '무한궤도'를 결성해 MBC 대학가요제에서 〈그대에게〉로 대상을 수상한다. 1988년 세밑 서울 잠실 체조경기장, 마치 짜여있는 각본 같았다. 그날의 주인공이 될 것을 예고하듯 '무한궤도'는 마지막 순서로 무대에 올랐다. 그리고 이어지는, 세 대의 키보드가 만들어내는 화려한 인트로. 이미 대상 수상자는 결정된 거나 마찬가지였다. 그 순간을 지켜봤던 많은 사람들은 한 록 스타의 탄생을 예감했을 것이다. 그 이름은 신해철이었다.

당시 음악생활을 반대하시던 아버지를 피해 3달여동안 침대 속에서 멜로디언

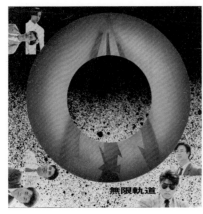

을 물고 곡을 만들게 되는데 그 곡이 바로 〈그대에게〉였다. 키보드 위주의 프로그레시브적인 팝음악을 추구하던 '무한궤도'의 음악적 능력을 꿰뚫어 본 이는 바로 당시 대학가요제 심사위원장이었던 가왕歌王 조용필이었다. 이후 조용필의 소개로 제작자를 만난 신해철은 앨범 준비를 위해 새로운 멤버를 한 명 영입한다. 멀지 않은 미래에 015B를 이끌게 되는 정석원의 합류로 6명의 멤버 중 키보드 연주자가 3명이었다. 이는 '무한궤도'의 지향점을 잘 보여주는 구성이었다.

신해철은 당대의 헤비메탈보다는 좀 더 심오하고 예술지향적인 프로그레시브 록Progressive Rock에 더 경도되어 있었다. 마침내 1989년 초여름 《무한궤도無限軌道》1989를 발표한다. 〈우리 앞의 생이 끝나갈 때〉와 〈여름이야기〉, 〈조금 더 가까이〉는 앨범의 대표곡으로 자리매김했고, 앨범의 후반부를 장식하는 〈끝을 향하여〉의 기타 연주에는 '부활'의 김태원까지 초빙하며 하나의 작품을 만들기 위해 심혈을 기울였던, 신해철이 시도한 음악적 성과의 시발점이었다. 이후 학업 문제와 음악적인 견해 차이로 인해 신해철 혼자만 남게 되었고, 결국 신해철은 밴드라는 오랜 꿈을 접고 솔로 가수로서의 새로운 시작을 모색하게 된다. 록 스타의 꿈은 잠시 미뤄

진 채 하이틴 스타라는 새로운 길이 펼쳐지기 시작한 것이다.

1990년 첫 솔로 음반《신해철 1집》1990을 발표한다. 〈슬픈 표정하지 말아요〉로 큰 인기를 끌며, 〈안녕〉, 〈연극 속에서〉 같은 새로운 시도를 담고 있었다. 전통적인 록 세션 대신 컴퓨터 프로그래밍을 적극 활용한다. 이를 위해 미디 음악MIDI : Musical Instrument Digital Interface의 선구자로 평가받는 송재준을 초빙해 협업하고 곡 중간에 랩을 시도하는 등 새로운 경향의 음악을 대표하는 아티스트로 재탄생한다. 이듬해 《신해철 2집》1991을 발표하며 독특한 음악적 스타일과 세태를 짚어내면서도 감성적인 가사로 젊은 층의 절대적인 지지를 얻게 된다. 이후 록 밴드 'N.EX.T'New EXperiment Team을 결성, 밴드 활동을 재개한다.

2집 투어였던 'Myself 투어'에 참여한 기타리스트 정기송과 드러머 이동규로 결성된 밴드였지만 베이시스트가 없었고, 전자드럼을 연주하였다. 1집《N.EX.T Home》1992에서 〈도시인〉, 〈인형의 기사〉 등이 히트를 치면서 음악성과 대중성을 겸비한 곡들로 평단과 대중 모두에게서 호평을 받는다.

그 이듬해 신해철은 군입대 복무중 대마초 사건에 연루되어 잠시 공백기를 가져야 했다. 이후 컴백 앨범을 더블앨범으로 기획하고 녹음에 돌입했으나, 이동규의 부상으로 드러머에서 베이시스트로 포지션을 변경한다. 정기송의 탈퇴로 인해 새로운 기타리스트 임창수를 영입하였고, 드러머로는 이수용이 정식멤버로 가입한다. 더블앨범을 완성하기에는 작업기간이 길어진다고 판단하여, 먼저 2집《The Return Of N.Ex.T Part 1 : The Being》1994을 발표하자, 〈날아라 병아리〉가 호평을 얻었다. 앨범 활동 도중 불세출의 기타리스트 김세황이 영입되었고, 이동규 대신 김영석이 영입된다. 신해철보컬/건반 · 김세황기타 · 김영석베이스 · 이수용드럼의 라인업이 형성되며, 본작에서부터 4인 밴드로서의 'N.EX.T'의 이미지가 발현하기 시작했다. 음악적으로는 헤비 메탈Heavy Metal과 프로그레시브 록Progressive Rock이 접목된 새로운 시도를 추구했으며, 가사 역시 신해철다운 철학적인 내용으로 심화되기 시작한다.

이듬해 앨범 공연실황을 담은《The Being Live Concert Chapter 1, 2》1995를 발표하고, 바로 이어 무분별한 발전, 낙태, 시대의 변화, 동성동본 금혼 등 우리 사회의 구조적인 문제들을 지적한 곡들로 구성된 역작 3집《The Return Of N.Ex.T Part 2 : World》1996를 발표해 음악성은 물론 가사에 담긴 사유를 통해 대중음악의 외연을 확장했다는 찬사를 받는다.

이 시기에 동료 뮤지션의 음반 프로듀싱, 객원 보컬, OST 작업, 윤상과의 프로젝트 밴드 '노땐스' 활동 등을 병행했으며, 라디오 진행자로서의 탁월한 역량을 보여주었다. 1997년에 발표한 프로그레시브 지향적인 웅장함이 더욱 하드해진 'N.EX.T' 4집《Lazenca : A Space Rock Opera》1997를 끝으로 'N.EX.T'는 해체됐다. 이후 영국으로 건너가 음악공부를 하며 그곳에서 쌓은 테크노Techno 장르에 대한 경험을 바탕으로, 영국의 혁명가 크롬웰Oliver Cromwell의 이름을 본뜬 유학 첫

내 삶이 끝나는 날까지

나는 언제나 그대 곁에 있겠어요

내가 사랑한 그 모든 것을 다 잃는다해도

그대를 포기할 수 없어요

그들에겐 진짜로 날개가 있었다
김광석 / 김현식 / 신해철 / 유재하 / 조동진

작품《Crom's Techno Works》1998를 발표한다. 이 작품에는 'N.EX.T' 이후의 변화된 테크노 음악, 미래를 예견하는 듯한 그의 카리스마가 여실히 담겨있다. 이듬해에는 세계적인 프로듀서 크리스 탕가리즈Chris Tsangarides와 프로젝트 그룹 '모노크롬'MONOCROM을 결성, 동명 타이틀로 앨범《MONOCROM》1999을 발표했으며, 2000년에는 미국 유학과 이민시절 만난 데빈 리기타 · Vink키보드와 결성한 새로운 밴드 '비트겐슈타인'Wittgenstein을 결성해 실험성이 강한 음악을 발표했다.

2001년부터 2003년 4월까지 그가 진행한 대표적인 라디오 방송 '고스트네이션'을 통해 거침없는 언변과 진심어린 진행으로 마니아 청취자층인 '고스족'을 양산했고, 이때부터 그의 별칭인 '마왕'을 대중적으로 획득한다. 2002년 제16대 대통령 선거를 앞두고 고故 노무현 전대통령에 대한 지지활동을 벌였으며, MBC '100분 토론'에 출연해, 대마초 비범죄화, 간통죄 폐지, 체벌 금지 등 민감한 사회현안에 대해 자신의 의견을 논리적으로 펼쳐 논객論客으로서의 존재감을 드러내기도 한다.

이후 2004년에는 새 라인업으로 재결성한 'N.EX.T' 정규 5집《The Return Of N.Ex.T Part 3 : 개한민국》2004을 발표한다. 그리고 자신의 연예매니지먼트 회사 '싸이렌'을 설립했으며 이듬해, 1997년 해산한 원년 멤버신해철 · 김세황 · 김영석 · 이수용와 '비트겐슈타인'의 기타리스트 데빈 리, 그리고 새로운 키보디스트 지현수 등 6인 체제로 활동에 돌입해 'N.EX.T' 리메이크 음반인 5.5집《Re-Game?》2006을 발표했다.

2007년 1월, 초 호화진용의 28인조 빅밴드와 보컬을 한번에 동시 녹음하는 초강수를 두며, 싱어송라이터가 아닌 보컬리스트 신해철로 정면승부를 한 점 등이 화제가 되었던 예상 외의, 그러나 기대 이상의 재즈앨범《The Songs For The

One》2007을 발표한다. 그야말로 마왕의 역습! 이었다.

2008년 'N.EX.T' 6집 3부작 시리즈 앨범 중 첫 번째인 《666 trilogy part 1》2008을 발표한다. 파트2 《The king of rats》와 파트3 《파멸의 발라드》가 각각 2009년 8월, 2009년 말에 발매되기로 예정되어 있었지만 발매되지 못했고, 훗날 파트2와 파트3는 "분해되고 재포장되어 《Reboot Myself》2014에서 들려지는 노래들이 그때 다 디자인되고 녹음된 노래들이다"라고 밝힌 바 있다.

2012년 10월, 11년간 이어온 '고스트네이션' 진행을 완전히 종료했다. 이로써 2014년에는 새 솔로 음반 준비를 본격화해, 집요한 완벽주의로 3년 동안 혼자 1,000개 이상의 녹음 트랙에 순수한 자신의 목소리만을 중복 녹음하고 스스로 엔지니어링과 믹스까지 행한 독보적이고 창의적인 원 맨 아카펠라One Man A-Cappella 싱글 〈A.D.D.A〉를 공개했으며, 이어 《Reboot Myself》2014.06.27를 발매했다. 그리고는 4개월 후 2014년 10월 27일, 불의의 의료사고로 황망하게 세상을 떠나는 안타까운 일이 벌어졌다.

밴드와 솔로를 오가며 실로 녹슬지 않는 음악적 에너지와 천재성을 드러냈던 발군의 뮤지션이자 아티스트, 그리고 논객이자 소셜테이너, 신해철…

내 청춘의 노래들….

"LEO DAV"

언젠가 다음 세상에도

내 친구로 태어나 줘

〈날아라 병아리〉 가사 中

비평과 음악사적 위상 위에
올라앉은 미학적 가치
—

유재하

Yoo Jae Ha

1987년 11월 1일. 당시 25살의 청년이 교통사고로 세상을 등졌다. 본인의 이름이 새겨진 솔로 앨범 《사랑하기 때문에》1987를 세상에 내놓은 지 불과 3개월도 채되지 않은 시점의 갑작스러운 사고였다. 시간은 흘러 어느덧 고故 유재하를 하늘나라로 보낸 지 스물하고도 아홉 주기가 지났다. 그는 알고 있을까? 그의 음악에 영향을 받은 유재하의 적자嫡子들이 이루어낸 90년대의 가요 감성이 이리도 넓은 하나의 숲을 이루고 있다는 것을. 단 한 장의 앨범으로 대한민국 가요의 수준을 몇단계 끌어올려 정서적 풍요로움을 만끽할 수 있게 만들어준 천재 뮤지션. 고故 유재하다.

'봄여름가을겨울'의 전태관과 유치원 시절부터 함께 놀았던 어린 유재하는 초등학교 5학년 때부터 통기타를 치면서 노래를 했다. 또래 친구들은 딱지치기와 담을 타고 놀 때 유재하는 '어니언스이수영, 임창제'의 노래를 부르며 혼자 그렇게 놀았다. 특히나 이소룡을 좋아했던 유재하는 헤어스타일과 패션까지 이소룡을 따라 했고

매일 이소룡 흉내를 내며 다녔다고 한다. 훗날 유재하 앨범의 쟈켓 그림을 그려준 세계적인 설치미술가이자 스타 아티스트인 서도호 작가 역시 어린 유재하의 유별난 친구 중 한 사람이었다. 음대를 가기로 작정하고 피아노 레슨을 받았던 고등학교 시절에도 클래식보다는 대중음악에 관심이 많았던 유재하는 당시 레슨을 해주던 선생님이 숙제를 내주어도 숙제는 안하고 혼자 곡 쓰고 노래하는 것으로 시간을 떼우곤 했다.

한양대학교 음대 작곡과에 진학 후 정원영, 전태관, 김종진, 박성식, 장기호 등과 교류하며 매일 같이 모여 함께 음악을 듣고 같이 잼 연주하는 것이 일상이었다. 특히 정원영과의 교류가 돈독했었는데, 키스 자렛Keith Jarrett, 팻 메스니Pat Metheny, 에버하르트 베버Eberhard Weber, 마일즈 데이비스Miles Davis 등의 음악들을 많이 들었다고 한다. '봄여름가을겨울' 김종진의 회고에 의하면 늘 방안에서 래리 칼튼Larry Carlton의 〈Room 335〉 등을 카피하고 연주했던 유재하는 김종진 보다 기타를 더 잘 쳤다고 한다.

순수 음악을 전공하였지만, 대중 음악에 남다른 관심을 보여 왔던 유재하는 작곡 뿐만 아니라 작사, 편곡 그리고 바이올린, 피아노, 기타, 키보드 등 여러 악기에 능통했었다. 결국 유재하는 대학 졸업을 앞둔 1984년, 클래식과 재즈를 대중 가요에 접목하는 음악적 지향점을 세우게 된다.

1985년 대학 재학시절 중 '조용필과 위대한 탄생'의 키보드 연주자로 본격적인 음악 활동을 시작한다. 이때 조용필은 훗날 유재하의 대표곡이 되는 '시대를 앞서 간 팝발라드' 〈사랑하기 때문에〉를 자신의 7집 앨범1985 B면 두번째 곡으로 취입한다. 당시 '조용필과 위대한 탄생'은 미국과 일본 투어를 앞두고 건반 연주자를 찾았고, 김광민과 정원영의 소개로 유재하를 처음 본 밴드 마스터이자 프로듀서 송홍섭은 유재하와의 만남을 이렇게 기억했다.

'당시 대학생이던 유재하는 굉장히 얌전한 학생이었고 성품도 깨끗하고 맑은 사람이었다. 그러나 팝 음악에 대한 욕망은 대단했던 걸로 기억한다. 유재하는 향후 팝 음악에 있어서 자기 깃발을 확실히 꽂을 수 있을 것이라는 생각이 들었다.' 고….

이후 어느날 유재하 본인이 만든 곡이라며 조용필 형님이 부르실 수 있도록 소개해 달라며 곡을 가지고 왔다. 당시 2곡을 공개했는데 한 곡이 〈사랑하기 때문에〉였고, 다른 한 곡은 〈우리들의 사랑〉이었다. 메이저 장조의 발라드가 거의 없었던 시절이었기에 다소 생경한 노래들이었지만 당시 가왕도 이내 유재하의 노래에 상당한 관심을 가졌다. 그리하여 취입한 곡이 〈사랑하기 때문에〉였다. 훗날 밝혀진 이야기로 유재하 본인의 정서와 가왕이 부른 노래의 정서가 많이 달라 아쉬워했고, 이후 본인 앨범에서 원하는 방향으로 부르게 되었다고 한다.

그즈음 세션 연주 활동을 많이 하던 김광민과의 교류 또한 빼놓을 수 없다. 사람 만나는 것을 무척 좋아하는 적극적이고 친화적인 유재하의 사회성 덕분에 많

그들에겐 진짜로 날개가 있었다
김광석 / 김현식 / 신해철 / 유재하 / 조동진

은 관계자들에게 유재하를 소개함과 동시에 음악적으로나 음악 외적으로 막역한 관계를 유지했었다. '조용필과 위대한 탄생' 멤버로 함께 활동할 당시, 한달여 동안의 일본 공연을 유재하의 학교에서 승인을 해주지 못해 함께 못간 아쉬움을 두고 두고 토로하기도 했다.

대학 졸업 후, 김현식 시대의 개막을 알리는 축포가 되어준 2집 이후, 김현식은 자신의 음악적 컬러를 강화하기 위해 백밴드 '봄여름가을겨울'을 결성한다. 김종진 기타, 전태관드럼, 장기호베이스, 박성식키보드, 유재하키보드로 이루어진 환상적인 라인업 이었다. 비록 3집《김현식과 봄여름가을겨울》1986 이 나오기 전 유재하가 팀을 탈퇴하고 말았지만 그래도 유재하는 김현식에게 자신의 곡 〈가리워진 길〉을 헌정한다.

한영애, 그녀는 1986년 1집을 발표한 직후 세기의 프로젝트 팀인 '신촌블루스'의 창단 멤버로 활동하였고, 이어서 발표한 2집《바라본다》1988는 대중적 지지와 음악적 완성도를 만족시킨 최고의 앨범이다. 이 앨범 작업에 들어가면서 한영애는 유재하에게도 곡을 부탁한다. 유재하는 '누나가 부를 거면 나는 언제든지 좋다'며 흔쾌히 곡을 주었고, 그리곤 바로 유재하가 직접 피아노를 치며 부른 데모 테이프가 왔고 그 곡이 바로 2집 A면 세번째 수록곡인 〈비애〉다. 한영애의 기억에 의하면 그 데모 테이프에서 유재하는 노래를 굉장히 잘 불렀고, 당시 유재하는 "누나! 이 노래 누나가 꼭 히트 시켜줘야 해! 아니면 내가 다시 불러서 꼭 히트시킬 거야!"라고

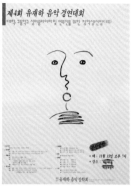

그들에겐 진짜로 날개가 있었다
김광석 / 김현식 / 신해철 / 유재하 / 조동진

말했다고 한다. 안타깝게도 이 곡이 실린 앨범은 유재하가 세상을 떠난 뒤에야 발매가 되었다. 남겨진 마음을 앨범 속지에 이렇게 전하고 있기도 하다.

'(중략) 그리고 재하에게 이 노래를 보냅니다.'

1987년경 프로듀서 송홍섭이 유재하를 다시 만나게 된 것은 《김현식 4집》의 프로듀서를 하게 되었을 때였다. 송홍섭이 기억하는 당시의 유재하는 예전의 대학생 모습이 아닌 프로페셔널한 모습이었다고 한다. 당시 유재하는 김현식과 너무 친해서 매일 둘이 술 마시면서 같이 지냈다. 유재하가 노래를 만들어 김현식에게 선물했고 김현식은 그런 유재하의 노래를 무척 좋아했다. 바로 〈그대 내 품에〉란 곡이었다.

1987년 8월 마침내 국내 대중음악사상 처음으로 작곡, 작사, 편곡을 혼자서 한 「음악적 자주自主의 완전 실현」을 일궈낸 기념비적 성과물이라는 평가를 받는 유재

하의 첫 앨범이자 마지막 앨범 《사랑하기 때문에》가 발매되었다. 이 단 한 장의 앨범으로 전설이 된 유재하는 클래식에 바탕을 두고 '조용필과 위대한 탄생'과 '김현식과 봄여름가을겨울' 등의 활동을 통해 음악적 스펙트럼을 넓혔다. 시詩로 쓰고 음音으로 노래한 미학적 가치는 대중음악사적으로 가치를 논하기가 어려울 정도이다. 유재하가 들려주던 대중가요는 이미 클래식이 되어버렸다. 음악에 있어서 리듬과 코드 진행이 중요한 비중을 차지한다 하더라도, 또 음악가의 재기는 그것들에 의해 심판을 받더라도, 실제로 대중은 아름답고 감성적인 멜로디의 흐름을 쫓아간다는 사실을 천재적으로 구현해내었다. 이처럼 지극히 아름다움을 자랑하는 단출한 9곡의 수록곡들은 그야말로 멜로디의 성찬이라는 점에서는 예외가 없다. 소위 말하는 한국형 발라드의 원조이니 싱어송라이터의 표본을 제시했다느니 하는 미사여구는 사족일 뿐이다. 비평과 음악사적 위상 위에 올라앉은 '유재하만의 미학적 가치'가 바로 이 앨범이다. 유재하의 음악적 비전을 닮으려는 후배들이 머지않아 더 깊고 울창한 숲을 이룰 수 있기를 고대한다.

언더그라운드의 대부

—

조 동 진

Jo Dong Jin

    1980년대 한국 대중가요 언더그라운드의 산실^{産室}이 동아기획이었다면 1990년대의 그 자리에는 '하나음악'이라는 전설적인 레이블이 있었다. 그러나 하나음악인들에게는 레이블^{Label}이라는 비지니스적인 용어보다는 음악공동체^{音樂共同體}라는 표현이 더 어울린다. 조동진과 그의 동생 조동익이라는 지붕 아래 자연스럽게 모여들었던 뮤지션들이 함께 모여 음악을 만들며 살아가면서 음악적으로 단순히 포크라고 규정지을 수 없는 유니크한 그들만의 장르^{하나음악}를 만들었던 것이다.

    '하나음악'을 통해서 독집 음반을 선보였던 조동진, 조동익 · 이병우의 어떤날, 장필순, 한동준, 김광민, 조규찬, 낯선 사람들의 고찬용, 이규호, 토이의 유희열, 동물원 김창기를 비롯해 김민기, 하덕규, 최성원, 김광석, 더 클래식 등이 참여한《하나 옴니버스 앨범》 등등의 면면을 보더라도 얼마나 그들의 음악적 영향력이 대한민국 대중음악사에 아름드리 가지를 드리웠는 지를 짐작할 수 있음이다.

    그리 짧지 않은 휴면기를 거쳐 드디어 2012년 제2회 레코드페어를 통해 그 '하나음악'의 주역들을 공연과 전시를 통해 대중들에게 다시 소개하는 '하나음악 특

별전 & 특별공연'을 시작으로 기지개를 피며 그 역사를 '푸른곰팡이'라는 새로운
이름으로 이어나가고 있다.

　　이후 2015년 아주 각별한 앨범《강의 노래》가 세상에 나온다. 오랜 시간을 기다
려 온 큰 형님, 조동진이 프로듀서의 짐을 지고 나선 것이다. '강'이라는 주제를 스
스로를 포함한 모두에게 던지고, 신중하고 느린 모두를 분주하게 움직이도록 등을
떠밀었다. 그가 밝혔듯이 평생 강을 노래한다 해도 부족할 것이지만…, 강은 모든
삶을 담을 수 있는 근원적인 은유가 되고 환유가 되기에 다양하게 노래로 불러야
마땅하다. 그렇게 끈질기게 흐르는 강의 모습 자체는 하나음악에서 푸른곰팡이
로 끈질기게 이어지고 흘러가는 그들 스스로의 모습을 닮아 있기도 하다. 그들이
10년이 넘은 시간을 기다려 다시 모여 만든 음반의 주제로 '강'은 너무나 타당했다.
마치 37여 년 전 낮은 읊조림과 관조의 시어詩語를 음악에 담아내며 혼돈의 시대를
정화시키기 위해 등장한 듯 했던 조동진과 조동진 음악사단의 조용한 부활이었다.

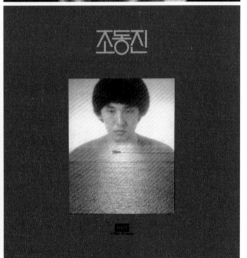

1947년 서울생인 조동진은 진공관 앰프를 자작自作했을 만큼 오디오광이었던 큰 형 조동완 덕분에 음악을 접할 수 있는 환경 속에서 동생 조동익과 함께 성장했다. 비틀즈The Beatles, 밥 딜런Bob Dylan, 피터 폴 앤 메리Peter Paul & Mary, 레너드 코헨Leonard Cohen, 비지스Bee Gees 등의 팝 음악에도 지대한 관심을 보이던 대광고등학교 시절부터 친구들과 록 밴드를 결성 연주를 시작했다.

1966년 중앙대 연극영화과에 입학 후 2년만에 중퇴를 한다. 영화학도였던 그가 음악계로 발을 옮긴 것은 영화 제작에까지 손을 댄 부친영화감독 고 조궁하의 사업 실패와 죽음 때문이었다. 생계를 위해 '더 쉐그린The Shagreen'이라는 그룹사운드를 만들어 미8군 무대에 서기도 했고 명동과 신촌의 통기타 살롱 무대에 서기도 했다. 그 시절 송창식, 윤형주, 이장희, 김도향 같은 당대의 스타들과 어울리기도 했지만 천성이 언더그라운드였던 탓에 두각을 나타내지는 못했고, 오히려 훗날 스튜디오에서 오리엔트 프로덕션의 전속밴드인 '동방의 빛'에서 기타를 연주하는 한편 틈틈이 작곡해 동료들에게 주었다.

서유석, 김세환, 현경과 영애, 이장희가 부른 포크 명곡 〈마지막 노래〉다시 부르는 노래, 양희은이 부른 〈작은 배〉, 서유석이 부른 〈긴 다리 위에 석양이 걸릴 때〉, 김세환이 부른 〈그림자 따라〉, 윤형주가 부른 〈작은 불 밝히고〉, 송창식이 부른 〈바람 부는 길〉, 최헌, '투 코리언스김도향, 손장철'가 부른 〈들리지 않네〉 등의 히트곡들이 있었다. 공전의 히트곡인 〈작은 배〉는 1969년 친구 집에서 경영하던 정릉의 청수장에서 시인 고은을 만나 작곡했고, 그 인연으로 고은이 고정출연하던 CBS의 PD를 통해 김민기 등과 교류했다.

1971년 포크 가수로 전향한 조동진은 기타 하나로 록 그룹들의 레퍼토리를 소화해 내면서 '1인의 그룹 사운드'로 불리어진다. 1973년 군입내 전까지 강근식, 조

1980년대를
언더그라운드 가수의 시대로 아로새긴,
그리고 일관된 음악적 삶을 견지해 온
거장급 아티스트 조동진의 시대와 영혼을
어루만지는 20년만의 새앨범 정규 6집
〈나무가 되어〉로 여전한 건재함을 과시한다

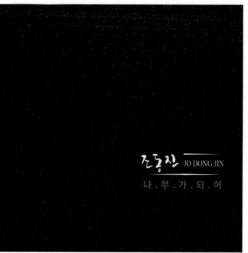

원익, 이호준, 유영수, 이영림 등 쟁쟁한 멤버들과 함께 스튜디오 세션 밴드 '동방의 빛'에서 세컨 기타를 맡았다. 훗날 조동진의 데뷔 음반에 수록된 곡들 거의 대부분은 이 시절에 만들어졌다.

1975년 대마초 파동으로 음악지인들이 다 사라진 후 작곡과 CM송 제작에만 몰두한다. 마침내 음악을 시작한 지 12년 만인 1978년, '동방의 빛' 멤버들과 함께 데뷔 음반 녹음에 들어갔다. 늦어도 한참 늦었지만 그마저도 음악적인 야망보다는 경제적 궁핍이 더 큰 이유였다. 출중한 음악 공력으로 다져진 강호의 숨은 고수가 발표한 1979년 첫 음반《조동진 1집》의 완성도는 이미 신인가수의 그것과는 차원이 달랐다. 총 10곡의 수록곡 중 김세환의 활동 금지로 묵혀진 타이틀 곡〈행복한 사람〉에 대한 반응은 대단했다. 또한 하나같이 주옥 같은 노래로 아롱진 이 앨범은 1981년까지 연속적인 재반 제작으로 이어지며 30만장 판매의 대박은 물론 가수 조동진의 화려한 탄생에 윤활유 역할을 했다.

1집을 기폭제로 오랜 야인시절에서 벗어난 조동진은 신중현 이후 처음으로 '조동진 음악사단'의 사령관으로 군림하며 80년대 한국 대중음악계의 거목으로 나아가는 첫발을 뗐다. 이 앨범은 80년대 '언더그라운드 가수'라는 하나의 장르를 거센 흐름으로 대중에게 이슈화를 시킴으로써 70~80년대 음악의 분기점을 그은 이정표가 되었다.

　　1980년 〈나뭇잎 사이로〉가 들어있는 2집 음반 《조동진 2집》은 밀리언셀러를 기록한다. 인기가수로 등극한 조동진은 1981년 10월 숭의음악당에서 '동방의 빛'이 연주를 맡고 송창식, 정태춘, 이정선, 이광조 등이 게스트로 출연한 감격의 첫 단독콘서트를 연다. 이후 소극적이고 신비적인 활동을 통해 팬덤fandom이 생김과 동시에 서초동 은하아파트 그의 집엔 김수철, 강인원, 양희은, 해바라기, 들국화, 시인과촌장의 하덕규 등 조동진의 음악 태도를 흠모하는 음악 동지들로 북적였다. 언더그라운드 가수들의 대부이자 '조동진 음악사단'의 모태가 된 것이다.

　　이후 5년 뒤 3번째 음반 《조동진 3집》1985은 〈제비꽃〉, 〈그대와 나, 지금 여기에〉 등 소위 '조동진 사운드'를 정립했다. 당시는 군사정권의 폭압이 절정에 달했을 때다. 남들이 저항의 노래를 토할 때 그는 서정적인, 작가주의 음악으로 일관했다. 1986년 종로3가 미리내 예술극장 개관무대의 주인공이 된 그는 1987년 12월 대중 가수로는 처음으로 호암아트홀에서 단독 공연을 열었다. 3집 발표 후 5년 뒤인 1990년, 《조동진 4집》을 발표한다. 그해 겨울 계몽아트홀에서 단독콘서트 '겨울 조동진' 무대를 마련하며 자신의 음악인생에서 가장 활발한 활동을 한다.

　　이듬해 그동안 발표한 앨범의 노랫말 35편을 묶어 시집 『우리 같이 있을 동안에』청맥을 발표하고, 《하나 옴니버스 앨범》1992 등을 기획하며 '조동진 음악사단'과

그들에겐 진짜로 날개가 있었다
김광석 / 김현식 / 신해철 / 유재하 / 조동진

철거 위기에 놓인 야학을 돕기 위해 수원대를 시작으로 2달여 동안 전국 40개 대학을 도는 순회 공연에 나서기도 했다.

1994년 5월, 종로5가 연강홀 콘서트에 이어 12월에는 대중 가수에게는 좀처럼 무대를 개방하지 않았던 예술의 전당 무대에 최초로 오르는 쾌거를 이뤄낸다. 1995년말 대학로 라이브소극장으로 이어지는 공연과 1996년 5월, 6년 만에 발표한 《조동진 5집》발표회를 겸해 예술의 전당 자유소극장에서 4일간 공연을 했다. 고정 팬 층이 두터워진 그의 공연들은 늘 전회 매진을 기록했다.

1998년 3월 장필순, 더 클래식 등과 함께 한 음악 30년을 결산하는 세종문화회관 무대 역시 성공적이었다. 2000년 2월 예술의 전당 토월극장에서의 단독공연 후 특유의 운둔적 삶으로 돌아갔다. 2004년 1월 LG아트센터 공연을 뒤로 한 채 십여년이 훌쩍 지난 지금. 1980년대를 언더그라운드 가수의 시대로 아로새긴, 그리고 일관된 음악적 삶을 견지해 온 이 거장급 아티스트의 반가운 소식을 전하려 한다. 머지않아 곧, 20년만에 시대와 영혼을 어루만지는 새 정규앨범 《조동진 6집》으로 건재함을 과시할 듯 하다.

Part 3

꽃이
지기로소니
바람을 탓하랴

들국화로 필래必來

들국화

Deul Guk Hwa

록Rock의 선구자인 기타리스트 신중현이 우리나라에 Rock의 싹을 키우기 시작했고, 록 매니아들이 생기기 시작하면서부터 록이 뿌리를 내릴 토양이 마련되기 시작했다. 1960년대 중반부터 1975년 중반까지 신중현에 의해 뿌리내려지고 성장해온 한국 록의 명맥을 이은 팀이 바로 들국화이다.

쇠퇴할 뻔했던 한국 록이 들국화로 인해 다시 한번 전성기의 시절을 맞이하게 된다. 들국화의 역사는 1982년 8월 이촌동 '까스등'에서 전인권과 허성욱이 함께한 공연에서 시작된다. 당시 전인권은《따로 또 같이 1집》1979 참여 후 독립해 1979년《어찌 사랑 너뿐이랴》, 1980년《맴도는 얼굴》등 두 장의 비공식 솔로 음반을 발표했었다.

'까스등' 공연 전에 전인권이 함께 노래한 이는 듀엣 '조·이'로 활동한 조덕환, 특별한 음악 경력이 없었던 허성욱이었다. 강원도 강릉의 나이트클럽 등지에서 노래하던 전인권은 1982년 말 최성원을 만난다. 최성원은 당시 70년대 청년 문화의 기수 이장희의 동생인 이승희, 그리고 기타리스트 이영재와 나란히 트리오로 음

반 《이영재·이승희·최성원》1980을 발표한 가수였다. 그때 그는 7의 수많은 대표작 중의 하나인 〈매일 그대와〉를 발표하며, 막 한국 대중음악사의 문을 두드리던 때이다. 이듬해 4월, 서울 이태원 '뮤직라보' 공연부터 최성원이 참여해 3인조 체제를 갖췄다. 최성원이 팀명 후보로 제시한 코스모스, 들장미, 들국화 중에 들국화가 밴드 이름으로 선택됐다. 당시 들국화 껌을 들고 있던 허성욱의 의견을 적극 수렴했다고 한다.

들국화의 이름으로 한 첫 공연은 1983년 11월 종로3가 피카디리 옆 '에스엠' 무대였다. 마지막으로 전인권이 '따로 또 같이'를 그만둘 때 비원 앞 한 카페에서 활동했던 듀엣 '조·이'를 만난 인연으로 조덕환이 가입하게 되었다. 그는 조지 해리

슨George Harrison의 〈My Sweet Lord〉처럼 어려운 곡도 정말 잘 소화해내는 인물이었다. 이렇듯 조덕환이 가세해 1집 라인업을 완성하면서 1985년 9월, 역사적인 데뷔 앨범 《들국화 1집》1985을 발표한다. 화려한 들국화의 라인업 진용은 기타와 보컬의 전인권, 기타와 베이스 최성원, 기타와 보컬 조덕환, 키보드 허성욱 그리고 세션으로 최구희기타, 주찬권드럼, 이원재클라리넷가 참여했다. 특히 최구희의 기타와 허성욱의 감각적인 키보드 연주는 전인권의 카리스마 넘치는 보컬을 돋보이게 했음은 물론이다.

〈그것만이 내 세상〉, 〈아침이 밝아올 때까지〉에서 전인권이 절규할 때 옆에서 같이 울어대던 최구희의 기타 솔로, 〈오후만 있던 일요일〉에서 허성욱의 무심한 피아노 프레이즈가 없었다면 이 노래들이 지금까지 생명력을 가질 수 없었을 것이다.

《들국화 1집》1985은 한국 록 음악사의 기념비적인 걸작일 뿐만 아니라 동시에

20세기 한국 대중음악사의 가장 높은 봉우리를 형성하고 있는 앨범이며, 언더그라운드의 잠재력을 한 순간에 격발擊發시킨 혁명적인 전환점이다. 동시에 수록곡 전곡이 시장에서 완벽하게 승리를 거둔 축복받은 걸작임에는 이의가 없다. 더불어 한국 대중음악사를 들국화 이전과 이후로 나누는 기조基調는 이렇다.

1960년대 신중현 이래 주목할 만한 앨범이 다수 나왔지만, 1975년 대마초 파동으로 많은 뮤지션들이 활동 규제를 받으면서 작가주의적인 앨범은 사실상 사라졌다. 1977년 산울림의 등장은 예외적인 사건이었다. 조용필, 송창식, 이정선, 정태춘, 조동진, 김현식 같은 솔로 뮤지션들과 대학가요제 출신의 작은거인, 송골매를 비롯해 윤수일밴드, 다섯손가락 등이 좋은 앨범을 발표했지만, 1985년 들국화가 데뷔 앨범을 발표하기까지 10년간은 자연스럽게 뮤지션들의 세대교체가 이뤄진 시기였다.

《들국화 1집》 발표 이후, 오늘날 거장으로 불리는 수많은 뮤지션이 어디엔가 숨어 있다 튀어나온 것처럼 연이어 등장했다. 이들이 다양성과 완성도를 갖춘 앨범을 발표하면서, 주류 히트곡과 작가주의 앨범 음악이 공존하는 '한국 대중음악의 르네상스'가 열린 것이었다. 작품성과 음악적 파급력까지 포괄한다면, 《들국화 1집》은 1980년대 새로운 록음악의 시작으로 봐도 무방하다.

들국화의 영향력은 가히 혁명적이라 할만했다. 그들은 지하에서부터 갑자기 나타나 처음부터 거의 완벽에 가까운 창작력과 연주력을 보여주면서, 직수입된 팝송이나 록음악에 심취해 국산 가요라면 거들떠보지도 않던 청소년들을 단번에 휘어잡아 그들의 추종자로 만들어 버렸다. 컬트Cult라고 하기엔 너무나 광범위하고 폭발적인 현상이었다. 활발하게 지상파 텔레비전에 출연하지 않았으나 80만 장의 음반 판매고를 기록했고, 소극장 콘서트는 연일 매진됐다. 이는 1992년 서태지와 아이들의 데뷔와 맞먹는 사회적인 충격파였다. 록Rock, 포크Folk, 블루스Blues, 퓨진

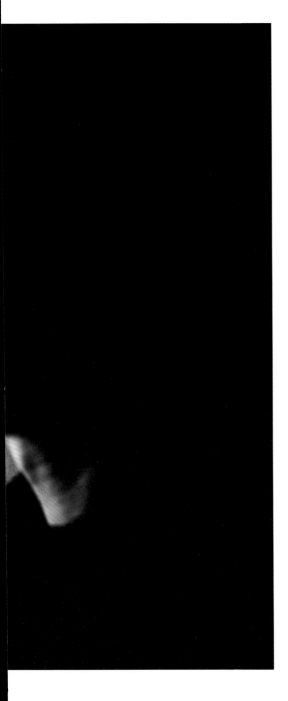

아직까지
들국화가 이루어 놓은
높이와 깊이에 도달할 만한
이들이 있을까…

노래여! 잠에서 깨라!

꽃이 지기로소니 바람을 탓하랴
들국화 / 시인과촌장 하덕규 / 어떤날 / 김민기 / 공일오비

Fussion 등 1970-80년대 언더그라운드의 다양한 실험은 《들국화 1집》에 총집결되었으며, 그 속에서 새로운 감성의 록음악이 탄생하기에 이르렀다. 이것을 '한국적인 록'의 등장이라고들 평가했다.

이런 들국화의 혁명적 돌파는 음악적 차원에서만 머무르는 것이 아니었다. 이들은 신촌 크리스탈 백화점 소극장의 첫 공연을 시발로 한 전국 순회공연과 더블 라이브 앨범의 발매 등의 결실로 이들의 성공에 고무된 언더그라운드 뮤지션들의 소극장 공연 붐을 불러일으킨다.

1986년, 전성기 들국화 라이브 공연의 질감을 담은 유일한 기록인 스튜디오 라이브 음반인 《들국화 Live Concert》1985를 발표한다. 더블 앨범으로 1집 수록곡과 미발표곡, 그리고 서구의 명곡들로 구성되어 있다. 6개월 연속 공연 등 이 땅에 라이브 문화를 정착시킨 무대 위의 젊은 사자들의 훈장과도 같은 앨범이었다. 통상적인 공연실황 앨범이 아닌, 수백 명의 팬을 모아놓고 서울스튜디오에서 녹음한 앨범이다.

1985년 12월 국내 최장기 6개월 콘서트를 시작하여 12월 신촌 크리스탈 문화센터, 1986년 1월 파고다 예술극장, 대전 시민회관, 컬쳐클럽, 2월 대구 동아문화센터, 3월 숭의음악당, 4월 신촌 크리스 탈문화센터, 5월 춘천 카톨릭센터, 부산 카톨릭센터, 서울스튜디오, 문화체육관 등에서 지칠 줄 모르고 끝도 없이 행진하고 있는 6개월 콘서트 기념 음반이었다. 록음악은 다름 아닌 라이브에서 태어나고 성장하며 숨을 거둔다는 것을 말이 아닌 행동으로 웅변한 앨범이었다.

그러나 들국화의 찬연燦然한 개화開花는 그다지 길지 않았다. 1집 발표 직후 기타리스트 조덕환이 밴드를 탈퇴했고, 1집에도 참여했던 최구희를 멤버로 참여시켜 다소 급조해낸 기미가 보이는 《들국화 2집》1986을 발표하긴 했지만, 당시 밴드

꽃이 지기로소니 바람을 탓하랴
들국화 / 시인과촌장 하덕규 / 어떤날 / 김민기 / 공일오비

는 분열되고 있었다. 들국화 해산의 원인은 표면적으로는 밴드의 쌍두마차인 전인권과 최성원의 음악적 견해차인 것으로 나타났지만, 이들의 전진을 가로막은 것은 역설적이게도 예상을 뛰어넘은 대중적 성공이었다. 그들은 대중의 엄청난 반응에 대비할 준비를 미처 갖추지 못했던 것이었다. 결국 들국화는 스튜디오 라이브 음반을 포함해 단 석 장의 음반만을 남긴 채 해체되었다.

들국화의 해체 소식에 상실감과 슬픔에 빠졌던 수많은 팬들 중 필자도 그 하나였다. 이후 전인권과 허성욱이 《추억 들국화 머리에 꽃을》1987 발표하고, 전인권과 최성원이 개별 솔로활동을 시작하였으며, 1995년 《들국화 3집》의 발표 등, 행보가 이어졌지만 이들의 음악적 행보가 한국 대중음악사를 관통하는 기다란 선이 아닌 하나의 방점으로만 남았다는 사실은 너무나 큰 아쉬움이다. 그리고는 2013년, 27년만의 원년멤버인 전인권보컬, 최성원베이스, 보컬, 고故 주찬권드럼, 보컬이 모여 레코딩한 새 앨범 《들국화 4집》2013을 발표하며 전설의 봉인을 해제했다. 들국화의 이전 앨범 수록곡 12곡이 담긴 리메이크 앨범이 포함된 2장의 CD로 구성된 총 19곡의 앨범이었다.

변함없는 연주와 탁월한 보컬, 여전히 역동적인 밴드의 아우라를 뿜어내며, 살아있는 레전드의 역량을 신세대 수용자들에게도 보란 듯이 보여준 바 있다. 들국화의 팬 카페에서 들국화가 돌아오기를 간절히 기다린다는 의미로 팬들의 아이디 뒤에 '들국화로 필래必來'를 붙이는 염원을 보답이나 한 듯이 〈들국화로 必來〉를 만들었고 불렀다. 〈걱정말아요 그대〉 역시 이 시대 상처 입은 대중들에게 위로와 치유의 메시지를 담고 있었다. 아직까지 들국화가 이루어 놓은 높이와 깊이에 도달할 만한 이들이 있을까…

노래여! 잠에서 깨라!

새봄나라에서 온 수려한 풍경의

미장센Mise-en-Scène

시인과 촌장

하 덕 규

Ha Duk Kyu

들국화, 김현식, 조동진과 함께 1980년대 젊은 영혼들을 사로잡았던 남성 듀오가 있었다. 시인 하덕규의 여리고 지순한 보컬과 촌장村長 함춘호의 탁월한 기타 연주가 화학작용을 해 섬세한 노랫말 포착과 빼어난 선율의 구성 감각으로 음악적 파장을 일으키며 수려한 감성을 선보여 온 시인과 촌장이다.

이들은 시적이고 철학적인 노랫말, 포크가 주는 투명함과 평안함으로 그 시절의 한 페이지를 화려하게 장식했음엔 이의가 없다. 특히, '…이 시대의 싱어송라이터들이 도달한 가장 지고지순至高至純한 경지…'라는 찬사를 받는 이 듀오의 리더인 하덕규는 1982년에 솔로 앨범《하덕규》를 내놓은 바 있지만 그의 시대를 맞기 위해선 조금 더 기다려야 했다.

하덕규는 남궁옥분의 〈재회〉1983와 양희은의 80년대 걸작 〈한계령〉과 〈찔레꽃 피면〉1984을 통해 또 하나의 스타일리스트로서의 송라이팅 재능을 알리기 시작한다. 특히나 손수 모든 앨범 재킷 커버 작업을 한 아트 디렉터로서의 재능도 특

꽃이 지기로소니 바람을 탓하랴
들국화 / 시인과촌장 하덕규 / 어떤날 / 김민기 / 공일오비

별했던 그였다. 하덕규는 1958년 강원도 홍천 태생이다. 유년기를 속초의 아름다운 자연에서 성장했다. 이후 9살 때 서울로 전학 온 후 부친의 사업실패로 시련을 맞는다.

음악이 한참 좋았던 한영중 3학년 때 P사 콜라 뚜껑 상품권 응모를 통해 운 좋게 기타가 생겼다. 독학으로 기타를 배워 트윈 폴리오, 어니언스 등의 노래를 멋지게 연주할 만큼 실력이 늘었다. 하지만 한영고에 진학하며 극심한 방황기를 맞는다. 여러 미술대회에서 수상을 하며 화가를 꿈꿨던 그는 그림 그리기에만 전념했고 성적이 여의치 않아 뒤늦게 추계예술대학에 진학한다. 대학생활에 흥미를 잃은 그는 1학년 때 중퇴를 하고 이후 2년여 가량 화실을 경영하며 틈틈이 작곡을 한다.

미국 유학을 준비하던 중 동창생 오종수, 후배 전홍찬과 트리오 '바람개비'를 결성해 음악활동을 시작하면서, 이종환의 명동 쉘부르에서 아르바이트로 노래도 불렀다. 그리고는 1981년 서영은의 단편소설 「시인과 촌장」으로 팀명을 지어 오종수와 듀오를 결성해 11곡을 수록한 데뷔앨범 《시인과 촌장》1981을 발표한다. 포크와 록을 넘나들며 독특한 사운드를 이끌어 낸 장르의 탐색이 치열했던 데뷔 음반이었다고 한다.

하덕규는 몇 차례의 방송 출연 후 심한 모멸감에 가요계의 병폐적 속성에 영합하지 않겠다고 선언한다. 김민기 · 한대수 · 우디 거스리Woody Guthrie 등의 영향을 받으며, 김민기 · 조동진 · 김창완 · 전인권 등과의 교류를 통해 가치관의 변화가 일어날 무렵인 1982년 솔로 앨범 《하덕규 Solo》를 발표한다. 제작사의 상업적 의도만이 반영된 이 앨범을 하덕규 본인은 부끄럽게 생각했고, 음악적 고뇌가 현실적인 괴리감과 고통을 동반한다.

위스키 반병과 담배를 하루에 2갑 이상씩 피우며 심신이 망가져 갈 즈음, 교

회를 찾았고 작은 깨달음을 얻기 시작한다. 1984년 기타리스트 함춘호를 만나 시인과 촌장 2기를 결성했다. 이듬해 한국 대중음악사상 가장 의미 충만한 앨범인 《우리노래전시회 8인 옴니버스》1985에 참여해 〈비둘기에게〉를 발표한다. 이정선 7집 《30대》1985에 수록된 〈외로운 밤에 노래를〉과 양희은의 《양희은의 새 노래 모음》1985 의 A면 첫 곡 〈찔레꽃 피면〉과 B면 첫 곡 〈한계령〉을 주며 작곡가로 스포트라이트를 받는다.

1986년 마침내 《시인과 촌장 2집》1986이 발표된다. 이 비상非常한 앨범은 포크와 발라드, 록, 사이키델릭, 그리고 극히 부분적으로는 퓨전에 이르는 서구 대중음악의 자생적 토착화 과정을 진지하게 보여주며 명반의 반열에 오르는 '푸른 돛'을 올린다. 1987년 들국화의 해산이 남긴 긴 그림자를 물끄러미 응시하게 되는 ─해산 이후의 들국화 멤버들에 의한 노래 〈너의 작은 두손엔〉이 수록되어 있다.─《우리

꽃이 지기로소니 바람을 탓하랴
들국화 / 시인과촌장 하덕규 / 어떤날 / 김민기 / 공일오비

노래전시회 Ⅱ》1987에〈기쁨 보리떡〉이란 곡과 표지그림에서 하덕규의 이름을 만나 볼 수 있다.

꿈나무 소극장에서 첫 단독공연 후 1988년 또 하나의 명반《시인과 촌장 3집 숲》1988을 발표한다. 촌장村長 함춘호의 부재로 인해 다소 과소평가되기도 하지만, 자연과 종교에 귀의한 시인詩人 하덕규의 새로운 음악적 성찰에 흔쾌히 동참한 '어떤날' 조동익과 이병우, '들국화' 최성원과 허성욱, 손진태 등 한 시대를 풍미한 동아기획 사단의 최전성기를 대변하는 화려한 세션은 충분히 그 빛을 발하고 있다.

〈가시나무〉, 〈새벽〉, 〈새날〉, 〈새봄나라에서 살던 시원한 바람〉, 〈푸른 애벌레의 꿈〉, 〈숲〉 등 수록된 10곡 모두 청자에게 온전히 노래를 통해 스스로를 치유하는 시간을 제공한다. 앨범 후기에 그가 믿는 신에 대한 사랑과 감사를 직접 고백하고 있고, "내 다급했던 기도에 대한 응답"이라고 밝힌 마스터피스인 〈가시나무〉는 그의 신앙고백과 다름없었다. 더불어 단연 앨범 최대의 백미이자 그의 가치관을 집대성 한 곡 〈숲〉도 고즈넉이 자리한 이 앨범은 아직까지도 시장에서 환영을 받고 있는, 그가 대중음악인으로서 내놓은 가장 값진 열매 중 하나이다.

1989년 CBS 라디오 「Gospel Hour」를 진행하며 발표했던 80여곡의 가사를 묶어 시집 『내 속에 내가 너무도 많아』^{도서출판 청맥}를 내어 베스트셀러가 된다. 이후의 음악 활동은 영적 성장을 고백한 일기나 다름없었다. 1990년 첫 가스펠 앨범 《하덕규 2집 쉼》을, 1992년 《하덕규 3집 광야에서》를 통해 더 적극적으로 신앙적 확신 위에서 기독교적 음악세계를 추구한다.

1993년 한국국제기아대책기구^{Korea Food for the Hungry International}와 함께 대학로 학전 소극장에서 자선공연과 지구촌의 굶주린 이웃을 위한 밀알 프로젝트 《한톨의 사랑되어 I, II》 앨범 제작을 계기로 이문세 · 조하문 · 조동익 · 신형원 · 송정미 · 장필순 등과 미국 · 캐나다 · 브라질 등지에서 기아대책 기금마련 해외공연에도 참여한다.

1995년 CBS 음악FM 개국과 함께 「하덕규의 CCM CAMP」를 2003년까지 약 8년간 진행했다. 1997년에는 15년 음악생활을 정리한 기념앨범 《하덕규 15 years 15 Songs》와 《하덕규 집1 누구도 외딴섬이 아니다》를 발표하기도 했다. 2000년 조성모는 하덕규의 마스터피스 〈가시나무〉를 리메이크 해 150만장 가까운 대박을 터트린다. 당시 조성모의 〈가시나무〉는 원곡이 지닌 철학적인 깊이가 달콤한 센티멘털리즘으로 윤색되면서 사유를 동반하는 호소보다는 직접적인 감수성으로 감각적인 N세대를 움직였다는 평을 받았다. 당시 신세대들이 자신의 내면을 들여다볼 수 있는 귀한 노랫말을 접할 기회를 얻었던 것이었다.^{음악평론가 성기완}

같은 해 3월 《시인과 촌장 4집 The Bridge》²⁰⁰⁰를 발표한다. 사람과 사회, 사람과 사람사이에 다리를 놓아 단절된 인간관계를 연결하고 싶다는 바람의 앨범이었다. 1997년 함춘호와 재작업을 선언한 후 4년 만이었고 시인과 촌장으로서는 12년 만에 발표한 앨범이었다. 모든 곡은 하덕규가 작사 작곡, 함춘호는 편곡과 어쿠

꽃이 지기로소니 바람을 탓하랴
들국화 / 시인과촌장 하덕규 / 어떤날 / 김민기 / 공일오비

스틱, 일렉트릭 기타, 이보우E-Bow(기타 현을 피킹이나 핑거링 없이 바이올린 활처럼 사용할 수 있는, 전자 기

장으로 현을 진동시켜 무한 서스테인과 풍부한 하모닉스를 얻을 수 있는 장치) 일렉트릭 서스테이너를 연주했

다. 서정적이면서도 깔끔한 어쿠스틱 포크 음악과 얼터너티브와 프로그래시브 성

격이 강한 포크록 성향의 음악이었다.

앨범 수록곡 중 〈Time In A Bottle〉은 비행기 사고로 요절한 가수 짐 크로치

Jim Croce의 생전 모습을 기억하며, 〈Mr. Dylan〉은 밥 딜런Bob Dylan에 대한 추억과

존경을 나타내는 일종의 헌정곡이다. 〈가시나무 II〉를 통해 조성모의 〈가시나무〉

에 열광했던 젊은 음악팬들이 세월이 흐르면 동감할 것이라며 신세대에 대한 믿

음도 내비치었다. 이렇듯 다양한 장르적 실험을 동반하고 있었지만 상업적으로는

어필하지 못했다.

《시인과 촌장 12년만의 만남 Live》2001 발매 후 천안대 교회실용음악과 출강

을 시작으로 부흥 2001 전국투어 컨서트와 미주투어 컨서트에 참여하며 줄곧

CCMcontemporary christian music의 국내 활성화에 기여한다. 이후 2004년 가을 연세대

에서 열린 CBS 창사 50주년 기념 포크 페스티벌 무대를 함춘호와 나란히 나와 빛
내주었다.

싱어송라이터로서 존재와 사회에 대해 질문을 던졌던 시절이 시인과 촌장 시
절이라면, 인간의 궁극적 해답을 찾는 여정이 그 이후의 음악 생활이었던 하덕규
는 기독교 실용음악 분야 최초의 전공자인 동시에 현재 백석예술대학교 실용음악
학부 학부장으로서 후학 양성이라는 삶을 살고 있다.

30여 년 전 시인과 촌장을 통해 그려나간 대중음악의 큰 진척이 마감된 것이
이리도 아쉽고 아련한 것은 비단 필자뿐만이 아닐 것이다.

모두 억척스럽게도 살아왔어
솜처럼 지친 모습들
하지만 저 파도는 저리도 높으니
아무래도 친구, 푸른 돛을 올려야 할까봐…

조동익 & 이병우,
아주 특별한 존재감
___

어 떤 날

Some Days

1980년대 한국 대중음악의 르네상스를 상징하는 아티스트 중 하나인 '어떤날'은 단 두장의 앨범만으로 훗날 '뮤지션들의 뮤지션'이란 상징성을 획득한 유일무이唯一無二한 프로젝트 그룹이다. 지금까지도 한 사람은 한국 최고의 베이시스트이자 편곡자로, 그리고 다른 이는 기타리스트로 영화음악감독으로 각자의 위상을 공고히 하게 되는 조동익과 이병우는 이미 이십대의 나이로 대한민국 대중음악사에 지워지지 않을 흔적을 새겨놓았다.

이들의 역사적인 앨범《어떤날》1집 앨범재킷에 써놓은 숫자《어떤날 Ⅰ 1960 · 1965》1986는 두 멤버인 조동익과 이병우가 태어난 해를 적어놓은 것이라고 알려져 있다. 즉 1집을 만들 당시 조동익은 스물여섯 살이었고, 이병우는 스물한 살이었다는 이야기이다. 대부분의 음악천재들이 그러했던 것처럼 이 두 명의 청년 역시 20대 초반의 나이에 대중음악사에 아주 특별한 음악적 지평을 여는 마스터피스 Masterpiece를 두 장이나 탄생시킨 것이다.

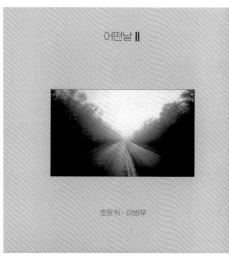

그들은 자신들이 세례洗禮를 받아온 포크와 퓨전 재즈, 록 등을 앨범에 고루 담아내며 '어떤날'만의 장르를 구축한다. 흔히들 '고요한 전율' 혹은 '고요한 파장'이란 찬사로 설명되는 울림 있는 연주와 깊은 가사가 특징으로 '어떤날' 특유의 서정적인 감성이 고스란히 착색되어 있는 음악 스타일과 높은 음악성을 담보로 현재까지도 두 장의 앨범 모두 대한민국 대중음악 명반 반열에 당당하게 높은 순위를 기록하고 있다.

그들의 실험 정신과 진보된 작곡 기법은 이후 1990년대를 풍미하는 웰메이드 팝Wellmade Pop의 전성기와 맞닿아 있으며, 그들의 감성은 소위 하나음악 사단이라 불리는 일군逸群의 뮤지션들로 이어졌다. '어떤날'이 만들어 낸 이와 같은 두 가지 큰 물결은 현재까지 전해져 한국 대중음악의 기저基底를 형성하고 있음은 물론이다.

조동익은 관조와 교감의 음유시인 조동진의 친동생이다. 조동익이 초등학교

를 다닐 때부터 집에는 수백여 장의 레코드 판이 있었고 형의 영향으로 기타도 배우게 되었으며, 형이 밤새 음악을 만드는 모습을 보면서 음악에 대한 동경憧憬을 키워갔다. 그런 환경에서 조동익은 혼자 음악을 만들어 가기 시작했고, 후배였던 가수 최진영의 소개로 이병우를 만나게 된다. 핑크 플로이드Pink Floyd와 팻 매스니Pat Metheny를 좋아하던 공통의 음악적 분모를 가지고 있던 두 사람은 빠른 시간에 친해질 수 있었고 얼마 지나지 않아 자연스레 '어떤날'을 결성한다.

당시 80년대는 다양함의 시대였다. 주류 시장에서는 조용필 · 전영록 · 송골매 같은 스타들이 TV무대를 장식하고 있었고, 반대편에서는 들국화 · 김현식 · 신촌 블루스 등의 다양한 뮤지션들이 신촌과 대학로의 언더그라운드 무대를 지키고 있었다. 또 한편에서는 이문세 · 유재하 등이 대중가요를 외국 팝 음악에 필적할 만한 수준으로 끌어올린 명반들을 발표했으며, 시나위 · 부활 등으로 대표되는 록 · 메탈 뮤지션들 역시 자신들만의 영역을 구축하고 있었다. 이런 질적 · 양적인 풍요로움 속에서도 '어떤날'의 존재는 특별했다. 그들의 음악은 들국화처럼 강렬하지도 않았고 김현식처럼 불을 토하지도 않았다. 일상을 잔잔하게 그려낸 서정적인 가사와 다양한 세션구성을 통한 풍성하고 세련된 멜로디로 당대의 음악과는 차별화된 독특함으로 조금씩 세를 넓혀가고 있었을 뿐이다. 하지만 후대의 음악인들에게 끼친 영향력은 들국화와 김현식 그 이상이었다.

'어떤날'은 『따로 또 같이』의 앨범 등을 통해 서서히 인식되기 시작한 편곡과 세션의 개념을 완전히 정립시킨 시스템이었고, 전문 보컬리스트가 아니더라도 충분히 매력적인 노래를 들려줄 수 있음을 보여준 거의 최초의 앨범이었다. '어떤날'의 음악을 들으며 받았던 위로와 감동은 그들의 음악을 표현함에 있어 그것만큼 위대한 가치는 없다고 필자 역시 생각한다.

꽃이 지기로소니 바람을 탓하랴
들국화 / 시인과촌장 하덕규 / 어떤날 / 김민기 / 공일오비

1984년 결성된 듀오인 '어떤날'은 이듬해인 1985년 최성원의 진두지휘 아래 전인권, 이광조, 시인과 촌장, 강인원, 양병집, 박주연 등이 포진해 80년대 중반 언더그라운드 혁명의 전도 등이 되어준 한국 대중음악사상 가장 의미 충만한 옴니버스 앨범이라 칭송되는 《우리노래전시회 8人 옴니버스》1985에 〈너무 아쉬워 하지마〉로 참여하면서 이름을 알린다. 이들은 이듬해 첫 앨범 《어떤날 I 1960 1965》1986를 발표한다. 80년대 중반 녹음된 이 앨범이 담아낸 일상적인 감성은 90년대 이후에도 그 통시성通時性을 담지擔持할 수 있다. 그러하기에 본작은 대중음악 애호가들에게는 필청必聽 음반임엔 이의가 없을 것이다.

당시 스물하나와 스물여섯의 풋풋한 청년들은 자신들에게 영향을 주었던 다양한 음악적 스펙트럼을 그들의 앨범 가운데 풍성하게 녹여냈다. 일상을 세련되면서도 순수한 젊은 감성으로 노래한 이들은 새로운 세션 · 작법 · 녹음으로 우리 대중음악의 새로운 길을 모색했음은 물론이고, 이들은 레코딩 엔지니어와의 교류를 중시해 제한된 시간 내에 끝내버리는 녹음을 기피했다. 결과적으로 이 앨범은 사운드 면에서도 전혀 손색없는 기품을 지니고 있다. 이십 대 젊은 나이에 발표한 앨범이라고는 믿어지지 않는, 이 완성도 높은 앨범에 수록된 단출한 아홉 곡만으로도 그들은 이미 젊은 거장의 고지에 올라서는 쾌거를 이룬다.

포크와 포크록 지향적인 곡들이 자리한 앨범에는 훗날 《김장훈 1집》1991에 수록된 〈그날〉이 수록되어 있다. 군더더기 없는 곡 구성과 이제는 더 이상 들을 수 없을 것 같은 이병우의 일렉트릭 기타의 빛나는 연주를 들을 수 있는 소중한 곡이기도 하다. 또 《들국화 1집》1985에 먼저 수록되었던 이병우의 곡 〈오후만 있던 일요일〉, 〈오래된 친구〉, 〈하늘〉 등 모든 노래, 모든 소절마다 '어떤날'만이 들려줄 수 있는 울림이 있었고 그 울림은 지금껏 경험할 수 없었던 그런 종류의 것이었다. 더불어 〈지금 그대는〉과 〈겨울하루〉에서는 기타리스트가 아닌 보컬리스트 이병우의

매력을 발견할 수 있었다. 이듬해 《우리노래전시회 Ⅱ》1987에 〈그런 날에는〉을 수록함으로써 "음악의 씨줄과 감성의 날줄이 직조해 낸 '어떤날' 특유의 화법"은 대중과 평단의 찬사를 받기에 부족함이 없었다. 이후 그들의 두 번째 앨범이자 마지막 앨범인 《어떤날 Ⅱ》1989은 전작에 비해 재지^{Jazzy}한 감성을 전면에 차용하며, 조금 더 간결하고 다듬어진 사운드로 완성되어 있었다. 1집에서의 다소 소박했던 느낌 대신 보다 프로페셔널해지고, 보다 스튜디오 지향적인 말쑥한 음악을 담아내고 있었다. 〈출발〉, 〈초생달〉, 〈하루〉, 〈취중독백〉, 〈덧없는 계절〉, 〈소녀여〉, 〈그런 날에는〉, 〈11월 그 저녁에〉 이렇게 8곡으로 채워진 2집 역시 1·2집을 통틀어 버릴 곡이 하나도 없다는 말처럼 이 앨범의 싱글들 또한 모두 다 출중했다.

'어떤날'이 보여준 음악적 성취도는 30여년의 시간이 흐른 지금 들어도 여전히 감탄스러울 정도이다. 무엇보다 멤버들의 정체성이 가수가 아닌 뮤지션이었기에 두 장의 앨범에 담긴 곡들은 그 자체로 기술적으로나 음악적으로 섬세하고 균일

꽃이 지기로소니 바람을 탓하랴
들국화 / 시인과촌장 하덕규 / 어떤날 / 김민기 / 공일오비

한 질감을 지니고 있었다. 더불어 잔잔하지만 풍성한 느낌을 담고 있는 가사들은 지쳐있는 청춘들의 가슴을 위로하기에 충분히 감성적이었다. 1990년대의 토이나 김동률과 같은 고급스러운 대중음악의 모태로 작용하며 새로운 의미의 도시적 음악의 고전이라는 위상 위에 자리하고 있었다.

당시 김현철은 『어떤날』을 흠모하던 중 조동익과의 우연찮은 만남으로 뮤지션의 길을 걷게 되었으며, 약관의 나이로 《어떤날》 2집에 키보디스트로 참여했다. 김현철의 1집 수록곡 〈형〉은 조동익을 생각하며 만든 곡이다. '어떤날'은 이렇듯 두 장의 앨범을 끝으로 사실상의 해체로 접어들었지만 활동은 결코 멈추지 않았다.

이병우는 《내가 그린 기린 그림은-항해》1989란 기타 독집을 자체 제작하며 본격적인 솔로 행보를 시작하였고, 조동익은 90년대 가장 잘 나가는 스튜디오 세션맨이자 가장 뛰어난 편곡자와 프로듀서로서 명성이 자자했다. 이후 훗날 이병우는 한국을 대표하는 영화음악가가 되었고, 뛰어난 작곡가이자 편곡자이며 베이시스트이기도 한 조동익은 편곡 작업은 물론 동료 뮤지션들의 프로젝트에 매진하며 하나뮤직이라는 공동체의 구심점이 된다.

사실 이들은 '어떤날'부터 80 · 90년대의 특별한 서정敍情을 일구어 온 거장들이었고, 삼십여 년이 지난 지금까지도 그 사실은 전혀 변함이 없다. 필자에게도 역시 '우리들의 메마른 시간을 적셔주던' '어떤날'의 음악이 있었다. 탈고를 마친 '오후만 있던 일요일'에 '어떤날'의 재결합을 볼 수 있는 그런 날을 상상해 본다.

꽃이 지기로소니 바람을 탓하랴
들국화 / 시인과촌장 하덕규 / 어떤날 / 김민기 / 공일오비

대한민국 대중음악사의
아웃라이어 Out-lier[2]

김 민 기

Kim Min Ki

1970~80년대 청년 문화의 원형原形을 만든 사람이자 노래와 연극, 문학을 아우르며 한국 문화의 새 지평을 연 르네상스적 인물. 나이 만 스물에 지은 〈아침이슬〉이 평생 꼬리표가 되었다.

암울했던 정치상황을 관통한 그의 노래들은 이후 그를 투사의 이미지로 여과시켰고 독재정권의 대척점에 서게 만들었다. 극단 「학전」 대표. 그를 수식하는 말은 그가 지나온 험한 세월만큼이나 많다. 1991년 개관한 소극장 「학전」은 황정민, 조승우, 설경구, 방은진 같은 이들을 배출한 한국 문화계의 산실이자 가수 고故 김광석의 1천회 공연을 한 곳이다. 더불어 독일의 극작가 폴커 루드비히Volker Ludwig의 원작 뮤지컬 〈Line 1〉을 한국적 상황과 정서에 맞게 각색·번안해 2008년 종연 때까지 15년간 70여만명의 관객을 불러모았고, 4000회나 공연된 국내 최장수록 뮤지컬 〈지하철1호선〉의 연출자로, 대한민국 대중음악사의 아웃라이어Outlier가 된 김민기다.

2) Out-lier : 보통 사람의 범주를 넘어선 성공을 거둔 사람을 지칭하며, 사전적 의미로는 표본 중 다른 대상들과 확연히 구분되는 통계적 관측치를 말한다.

　　1951년 3월 한국전쟁의 막바지 무렵 인민군에 의해 죽임을 당한 의사 출신 아버지와 눈도 못 맞춰본 채 전북 익산에서 10남매 중 막내로 태어났다. 서울 재동초등학교와 경기중·고교를 졸업 후 서울대 미대 회화과에 입학했다. 중고교 시절 미술반 활동과 독학으로 기타를 배워 1969년 서울대 미대에 입학하자마자 동기 김영세^{현 이노디자인 대표}와 함께 도깨비 두 마리라는 뜻의 「도비두」라는 듀엣을 만들어 활동했다. 또, 송창식·서유석·김도향·윤형주 등 젊은 통기타 가수들의 활동무대였던 명동 YMCA 「청개구리」의 무대에서 노래를 불렀다. 이 무렵 서강대에 다니던 김민기의 페르소나^{Persona}로 불리는 양희은을 만나 집안 사정으로 인해 돈을 벌기 위해 노래하던 그녀를 위해 데뷔곡인 〈아침이슬〉, 〈그날〉, 〈작은 연못〉, 〈서울로 가는 길〉 등을 작곡해 주었다.

　　김민기의 노래는 맑고 청아하면서도 당당한 양희은의 목소리에 실려 많은 사랑을 받았다. 양희은이라는 전설은 〈아침이슬〉과 함께 시작되었고, 〈아침이슬〉에

의해 공고해졌다. 1971년 1월, 그림물감 값이 없어 노래를 시작한 미술학도의 인생을 마치 반체제 혁명가 못지않은 혹독한 탄압과 감시와 고통의 가시밭길로 몰아붙인 문제작이 세상에 나오게 된다. 작곡가로서 높은 역량을 과시했던 김민기는 음악평론가 최경식의 주선으로 전대미문前代未聞의 첫 음반인《김민기 노래모음 1집》1971을 발표한다. A면에는 〈친구〉, 〈아하 누가 그렇게…〉, 〈바람과 나〉, 〈저 부는 바람〉, 〈꽃피우는 아이〉, B면에는 〈길〉, 〈아침이슬〉, 〈그날〉, 〈종이연〉, 〈눈길 경음악〉 이상 총 10곡이 수록되어 있었다.

훗날 이 김민기의 유일한 정규앨범이 한국 사회에 끼친 영향은 '한국 대중음악사에 길이 남을 기념비적 음반'이라는 찬사조차도 공허할 정도로 막강했다. 당시 외국의 포크음악을 번안하여 발표하던 통기타 가요에서 나아가 한국적인 정서와 젊은이들의 시대적 고민을 담아내었고 음악적으로도 한국 포크음악의 방향을 제시한 획기적인 것이었다. 낮은 목소리로 울려 퍼지는 암시적인 가사와 아름답고 단출한 기타 선율은 당대 청춘의 리트머스지였고, 시대의 송가가 된다.

김민기는 주로 민중들의 현실이나 사회 모순을 고발하는 현실 비판적인 노래들을 많이 만들어 힘든 시절을 보낸다. 앨범 발매 이듬해 서울문리대 신입생 환영회 공연에서 부른 〈꽃피우는 아이〉가 불온하다는 이유로 동대문 경찰서에 연행되었고, 《양희은 고운노래 모음 1집》1971에 수록된 김민기 작곡의 노래들을 금지곡으로 지정했다. 〈아침이슬〉이 대한민국의 적화를 암시하고 〈그날〉과 〈엄마!엄마!〉는 시의時宜 부적합하고 허무주의를 조장한다는 이유에서였다.

그 이후로 김민기의 곡은 방송과 대중매체에서 사라졌고, 그의 앨범 또한 거의 전량 압수 폐기되어 음반 진열대에서 자취를 감추게 된다. 그러자 오히려 찾는 이가 급증하였다. 김민기의 앨범을 실제로 보거나 들어본 사람은 흔치 않았지만 구전으로 노랫가락과 노랫말이 전해졌다. 그의 노래에 대한 호기심으로 지하에서 불법 복제한 고가의 카세트테이프라도 어렵사리 구해 돌려 들을 정도로 그의 음악은 열렬한 호응을 얻었다. 더불어 금지된 그의 노래들은 사회성을 획득하며 민주화 시위 현장에서 그리고 소외된 노동 현장에서, 시대를 논하는 각종 모임에서 불멸의 생명력을 가지며 저항가요의 대명사로 확고하게 자리 잡게 되었다.

김민기의 노래들은 1972년부터 1987년 6.29 선언으로 해금될 때까지 무려 15년이란 세월의 무게를 견디어 내어야 했다. 그 오랜 어둠 속에서도 끈질긴 인내와 생명력으로 한 시대를 버티어 낸 것이었다. 대학시절 시인 김지하 등이 회원으로 있던 폰트라Pontra(쓰레기 더미 위의 시)라는 문화연합회에 가입하면서부터 현실 참여에 적극적인 자세를 취하게 되었다고 소회했다.

인천에서 노동자로 생활하면서 학교를 다녔고 야학을 만들어 불우한 청소년들을 가르치던 김민기는 유신체제가 시작된 1975년 긴급조치 이후 정치적 탄압으로 정상적인 가수 생활이 불가능해지자 1977년 졸업 후 전북 김제로 내려가 농사를 지으며 농촌의 청년들을 모아 공부를 가르치기도 했다. 1973년 김지하가 쓴 연극 〈금관의 예수〉 공연에 참여하여 〈금관의 예수〉라는 곡을 만들었다. 훗날 양희은이 〈주여, 이제는 그곳에〉라는 제목으로 불리어지기도 한다.

1974년에는 노동운동을 주제로 만든 노래극 〈공장의 불빛〉을 작사 · 작곡했고, 1978년에는 일본의 기생관광에 초점을 맞추어 한일관계를 풍자한 최초의 창작마당극 〈소리굿 아구〉에서 음악과 각본을 담당했으며, 이애주의 무용극 〈땅굿〉 등에도 참가했다. 또 제대 후 공장 생활을 하며 만든 〈거칠은 들판에 푸르른 솔잎처럼〉은 훗날 〈상록수〉라는 제목으로 사랑을 받았고, 고㰯 노무현 전 대통령의 애창곡으로 새롭게 조명을 받기도 했다.

1979년 10.26 사태 이후에는 극단 광대의 창작극 〈돼지풀이〉를 기획하고 정부의 압력을 피해가며 끊임없이 자신을 담금질했다. 1981년 마당극 〈1876년에서 1894년까지〉를 만들어 전주에서 소규모로 공연을 가졌으며 이 작품을 개작해 〈멈춰선 저 상여는 상주도 없다더냐〉1983라는 이름으로 대한민국 연극제에 출품하기도 한다. 《노래를 찾는 사람들 1집》1984을 제작하고 이듬해 당시 나이 서른다섯에 결혼을 한다.

88서울올림픽에서 메달 획득을 못한 선수들을 위한 TV프로그램의 주제음악인 〈봉우리〉라는 명곡을 만들어 대한민국을 소리 없이 강타한다. 1991년 『겨레의 노래』 총감독을 맡았던 그는 90년대 문민정부와 함께 자신의 음악이 재평가되는 시점부터 본격적으로 연출가와 공연기획자로 변신한다. 극단 「학전」을 설립한 후 그의 모든 음악적 역량이 녹아든 〈지하철1호선〉, 〈모스키토〉, 〈의형제〉, 〈개똥이〉 등의 록 오페라와 록 뮤지컬, 그리고 연극을 무대에 올려 작품마다 성공을 거두었다. 또한 「학전」 소극장을 통해 고㰯 김광석, 안치환, 들국화, 동물원 등 소극장 라이브콘서트 무대를 만들며 대중음악의 지평도 넓혔다.

《김민기 노래모음 1집》1971 이후 22년만인 1993년 그 오랜 금지의 굴레에서 벗어나 4장의 앨범《김민기 1·2·3·4》를 동시에 발표하며 대중들 앞에 돌아온다. 그는 그동안 구전으로만 알려졌던 노래들, 심의 거부로 음반화되지 못한 노래들, 왜곡된 채 발표된 노래들, 작사 작곡자가 다른 이름으로 표기되었던 노래들까지, 뮤지컬 형식의 긴 노래들을 제외한 거의 모든 노래 40곡을 한꺼번에 본인 목소리에 담아 발표했다. 김민기 음악 결산전집인 셈이었다.

이후 마이크를 거둬들인 이 아웃라이어는 본인이 의도했던 의도하지 않았던 시대의 양심이 되었고 목소리가 되었다. 공장 노동자로, 농사꾼으로, 막장 탄부로, 세상 가장 낮은 곳에서 그 스스로 올라선 봉우리는 대한민국 대중음악사의 가장 높은 봉우리임에 틀림없을 것이다.

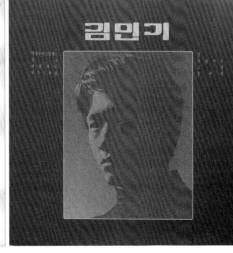

꽃이 지기로소니 바람을 탓하랴
들국화 / 시인과촌장 하덕규 / 어떤날 / 김민기 / 공일오비

무소불위無所不爲의 이십 세기 소년들

015B

空一鳥飛

이제는 추억할 수밖에 없는 1990년대 초, 당시 신세대들을 대변하는 감성과 생각, 그리고 세련된 사운드와 음악적 감각으로 젊은 층의 열렬한 지지를 받았던 그룹이 있었다. 바로 '015B · 공일오비'다. 마왕 신해철을 주축으로 한 1988년 MBC대학가요제 대상 수상 그룹 '무한궤도'의 멤버였던 정석원키보드, 조형곤베이스이 '무한궤도'의 해산 이후, 정석원의 형 장호일기타, 본명 정기원과 함께 1990년에 결성한 그룹이다.

'015B'라는 그룹의 뜻이 지금까지는 '무한궤도'의 또 다른 표현법으로, 《무=0 / 한=1 / 궤도=5B^{Orbit}》라고 알려져 왔으나, 당시 멤버인 조형곤의 PC통신 서비스 하이텔HiTEL의 전신前身인 케텔KETEL ID가 01orbit 이었다. 이후 조형곤의 미국 유학과 정석원의 군대문제로 인해 1996년 6집 《The Sixth Sense》1996을 낼 때까지 당대 대중음악의 한 축을 차지하며 대한민국 대중음악에 지대한 영향을 끼쳤음은 물론이다.

    뛰어난 음악적인 센스로 당대 신세대의 트렌드를 대변함과 동시에 당시 철저한 스튜디오와 라이브 세션이라는 국내 대중음악의 한계를 뛰어넘으며, 슬로우 랩Slow Rap, 하우스House, 뉴 잭 스윙New Jack Swing 등 당시 우리나라에서는 낯설던 장르의 음악을 계속하여 새롭게 시도한 영민英敏한 팀이었다. 또한 소녀 취향의 가사와 감성적인 멜로디를 앞세운 발라드, 한편의 동화책을 읽는 듯한 서정적인 현악 연주곡 혹은 사회 비판적 가사를 필두로 한 메탈 사운드까지 다양한 장르에서 독보적인 위치를 선보인 그룹이었다. 특히, 대한민국에서는 처음으로 '객원 보컬 시스템'을 도입해 가수의 목소리를 하나의 악기로 간주하고 각 곡의 특성마다 어울리는 다른 가수들을 기용하는 시스템으로 주목을 받았다.

    얼굴 모르는 가수들의 이 '불친절한' 가창은 수용자들에게 호기심을 자극했고, 차곡차곡 그룹의 신선함을 어필할 수 있는 결정적인 청량제로 작용했음은 물론이다. 지금은 많은 그룹들이 객원가수를 기용하는 것이 활발해졌지만, 이는 '015B'의 '객원 보컬 시스템'이 성공했기 때문에 현재에도 할 수 있었던 것이다. 이

꽃이 지기로소니 바람을 탓하랴
들국화 / 시인과촌장 하덕규 / 어떤날 / 김민기 / 공일오비

렇듯 '015B'의 객원보컬을 통해 이름을 알리게 된 가수로는 윤종신 · 김태우 · 김 돈규 · 조성민 · 이장우 · 버벌진트 · 조유진 · 보니 · 비스윗 등이 있다. 그리고 신 해철 · 이승환 · 유희열 · 박정현 · 다이나믹 듀오 · 호란 · 요조 · 김형중 · 포미닛 · 용준형 등의 기존 가수들도 '015B' 앨범에 객원가수로 참여하기도 했다.

1990년 셀프타이틀 데뷔앨범 《015B》를 발표한다. 신해철 · 윤종신과 정석원 의 서울대 동문 최기식이 객원 보컬로 참여했고, 윤종신이 부른 〈텅빈 거리에서〉 가 공전의 히트를 기록하며 실연당한 모든 이들의 송가頌歌가 되어 버린다. 데뷔곡 이자 출세곡 〈텅빈 거리에서〉로 '015B'의 페르소나Persona가 된 윤종신이 최근 제작 하고 있는 '월간 윤종신' 역시 다양한 보컬들이 부르는 노래를 선보이는데 이것도 본질은 '015B'가 시도했던 '객원 보컬 시스템'과 같은 것으로 볼 수 있다. 더불어 대 중들은 '015B'를 통해, 메인보컬이 고정되어 있지 않는 다소 낯선 시스템을 경험하 고 이해하게 되었고, 이는 머지않아 토이TOY 같은 프로듀서 중심의 그룹들이 성공 할 수 있는 기반을 만들어낸 것이었다.

1집의 놀라운 상업적 성공 후 이듬해 다양한 시도와 참신함, 정석원 특유의 감 수성 등으로 무장한 2집 《Second Episode》1991를 발표하며 폭발적인 사랑을 받 는다. 팝, 발라드는 물론 힙합, 하우스 등 당시 유행하는 신종 음악 장르들을 재빠 르게 도입해 당대 젊은 층에게 열렬한 환호를 받았다. 마치 미국 · 영국 같은 팝 종 주국의 음악과 거의 동시대적인 성격을 지니고 있었다. 10곡의 수록곡 중 〈이젠 안 녕〉, 〈친구와 연인〉, 〈너에게 들려주고 싶은 이야기〉, 〈H에게〉 등이 연이어 히트하 면서 대중적 위상을 높여간다. 원래 14곡을 녹음했으나, 객원멤버인 황재혁의 노 래 두 곡과 〈사랑은 그대 곁에〉, 연주곡 〈동부 이촌동 새벽 1:40〉을 빼고 발매를 하 였다. 발매 당시 LP, Tape엔 싣지 않았던 트랙 2곡, 〈사랑은 그대 곁에〉, 연주곡 〈동 부 이촌동 새벽 1:40〉을 이후 CD엔 수록했다.

꽃이 지기로소니 바람을 탓하랴
들국화 / 시인과촌장 하덕규 / 어떤날 / 김민기 / 공일오비

1 · 2집의 성공으로 이전과 달리 프로 뮤지션으로서의 자각을 가지고 제작한 3집《The Third Wave》1992를 통해 마침내 1백만 장이라는 밀리언 셀러Million seller의 자리에 오르며 대중성과 음악성을 동시에 겸비한 실력파 뮤지션의 반열에 당당히 자리하게 된다. 타이틀곡인 〈아주 오래된 연인들〉은 당시까지의 자신들 노래 중에 가장 큰 히트를 친 노래였으며, 세월이 지나도 많은 이들로부터 사랑받는 트렌디하면서도 스테디한 연애 스케치로 등극했다. 이 곡은 국내에서 일렉트로닉 하우스Electronic House의 성공 사례를 남기며 이후 많은 뮤지션들이 이를 도입하는 첫 계기가 되었음은 물론이고, 암묵적 혹은 명시적으로도 서태지와 아이들의 데뷔곡 〈난 알아요〉와 함께 '오늘날까지 한국 가요사의 흐름을 바꾼 명곡'이라고 평가되고 있다. 특히나, '015B'는 미디어 매체의 펀치력을 외면하며, 1 · 2집에서 쌓아 둔 내공을 토대로 3집에서 꽃을 피운 결과였기에 대중들은 더욱 환호했다.

3집 역시 결과적으로 4집《The Fourth Movement》1993의 1백만장 도달을 향하는 성공의 발판이 되었음은 틀림없다. 타이틀곡 〈新 인류의 사랑〉은 객원 보컬인 김돈규만이 TV에 출연해, 가요톱텐에서 5주 연속 1위의 기염을 토하고 골든 컵을 수상한다. 해당 가수들이 한번도 출연하지 않았음에도 불구하고 5주 연속 1위의 골든컵을 수상한 것은 가요 프로그램 사상 전무후무한 기록이다.

이듬해 발매된 5집《Big 5》1994 역시 실험적이면서도 완숙한 음악작법을 보여주며 국내 가요계에 리메이크 열풍을 불러온다. 지금까지도 조용필의 거대 히트곡인 〈단발머리〉와 나미의 〈슬픈 인연〉의 리메이크는 '015B'가 추구하는 음악적인 색깔을 그대로 살린 리메이크 작Re-make 作의 완성된 모델로 인식되고 있다. '015B'는 3집부터 세 장 연속 1백만 장 넘는 앨범 판매고를 기록한다.

2년 후 '015B'의 인더스트리얼Industrial적인 음악적 성향을 유감없이 보여주는 앨범, 6집《The Sixth Sense》1996가 발매된다. 이 앨범은 그들의 마지막 앨범이 될

것이라는 말이 들리기 시작한다. 음악적인 완성도와는 달리 대중적인 성공은 요원했다. 6집의 실험적인 음악은 30만장 미만의 판매량을 기록하며 당시 '015B'가 차지하는 위상에서는 받아들여지기 어려운 저조한 판매량을 보였다.

대중성이라는 잣대와 전 소속사인 대영AV를 떠나 발매한 이유 등 여러 가지 변수들이 앨범 판매량에 아무런 영향을 주지 않았다고 보기에는 힘들었다. 그러나 단편영화를 연상케 하는 뮤직 비디오가 강렬한 인상을 주었던 〈21세기 모노리스〉를 필두로 6집은 '015B'가 가장 독특하고 창조적인 면에 중점을 둔 역작이었다. 이 앨범을 마지막으로 돌연 해체를 선언해 많은 팬들의 아쉬움을 샀다.

무려 10년의 공백기 이후 2006년 5월, 10년만의 컴백 작품 〈Final Fantasy〉로 부활한 '015B'는 정규 7집 《Lucky 7》2006 발매에 앞서 스페셜 앨범 《Final Fantasy re-make》2006 한정판 1만매를 의욕적으로 발매해 전량 소진되는 저력을 과시한다. 20세기 말 최고의 스타였던 그들은 21세기 들어 그렇게 기지개를 켜는 듯했다. 이후 《Cluster Vol.1》2007, 《20th Century Boy》2011, 《Let Me Go - REMIXES》2012 등 3장의 E.P와 몇 장의 디지털 싱글을 냈지만 성과가 예전 같지는 않았다.

이십세기 후반 대한민국 음악계 경향傾向의 선두에 위치하며 트렌드를 창출해내던 무소불위無所不爲의 '015B' 시대는 그렇게 막을 내린 듯 했다. 하지만 그들의 음악은 사차불후死且不朽이리라.

Part 4

오래오래
기억 될…

한국적 블루스의 전이轉移

신촌블루스

Sinchon Blues

1980년대 후반 한국적인 감성의 블루스를 창시한 신촌블루스는 대중들도 쉽게 공감할 수 있는 이른바 '가요 블루스'의 종결자임과 동시에 우리 가요에 신선한 공기를 불어 넣으며, 우리 가요의 지평을 넓히는 데 기여했다. 또한, 블루스 불모지인 이 땅에 블루스에 대한 인식을 새롭게 해주면서 블루스를 파급시키고 확산시켰던 오피니언 리더였으며, 한영애 · 김현식 · 정서용 · 정경화 · 이은미 · 강허달림 등 한국 가요의 자산이 되는 걸출한 뮤지션들이 거쳐 갔거나 배출되었다는 점에서 가수 사관학교로서의 역할을 담당했었던 우리 가요계의 든든한 자산이었다.

신촌블루스의 탄생은 1970년대 중반 이정선과 엄인호와의 만남에서 비롯되었다. 유명 가수 이정선과 부산 다운타운가 DJ 엄인호, 두 사람이 처음 만난 건 부산에서였다. DJ로 생계를 잇고 있었지만 음악에 대한 혜안慧眼과 ―엄인호 스스로도 인정했듯― 막기타였지만 흡인력이 있고 독특한 기타 연주에 남다른 재능이 있었던 그에게서 특별한 매력을 발견한 이정선은 엄인호를 서울로 불러들였고, 1978

144

년 이정선은 엄인호, 이광조와 함께 그룹 '풍선'을 결성하고 바로 이듬해 첫 음반 《풍선 1집》1979을 발표했다. 멤버들은 이 음반에서 블루스를 시도하고 싶었지만 제작자의 간섭에 시달리다 결국 블루스와 트로트, 포크, 록이 제각각 어지럽게 혼재된 음반으로 실패하고 만다.

이후 이정선은 다시 솔로 활동을, 엄인호는 1982년 그룹 '장끼들'에 참여한다. 이 그룹에서 엄인호는 그토록 갈망하던 블루스를 연주했다. 하지만 이 팀도 오래 가지 못했다. 낙담한 엄인호는 우연히 신촌의 〈레드 제플린〉을 출입하게 되었고, 급기야 인수까지 하게 된다. 당시 신촌은 음악인과 예술인들의 문화 해방구와도 같은 곳이었기에 다양한 계층의 예술가들이 모여서 서로 교류했다. 여기서 엄인호는 이정선과 다시한번 의기투합하고 주변 음악인들을 하나둘 끌어 모았다. 김현식의 경우처럼 제 발로 찾아오는 경우도 많았다.

이윽고 1986년 4월 신촌블루스는 공연을 시작한다. 강렬하면서도 영감에 찬 연주는 사람들을 열광시켰고, 황홀경에 빠뜨렸다. 반응은 갈수록 뜨거웠다. 엄인호의 표현을 빌리자면 정말 자리가 없을 정도로 많은 사람들이 몰려들었다. 자연스럽게 팀 이름의 필요성을 느끼게 되었고, 곧 신촌에서 블루스를 좋아하는 사람

들이 모여서 연주한다는 의미로 신촌블루스로 명명命名했다. 이들은 점차 〈레드 제플린〉을 벗어나 더 많은 라이브 무대에서 노래하기 시작했다. 이어 음반을 취입해 달라는 팬들의 요청이 쇄도한다. 정규앨범을 발표하기 전부터 이들은 이미 블루스에 경도傾倒되어 있었다. 흔히 포크 뮤지션으로 알려진 이정선은 1985년 블루스록의 명반 7집 《30대》1985를 발표했고, 김현식은 2집 《사랑했어요》1984에서, 한영애는 정규 1집 《여울목》1986에서 블루스적 색채의 노래를 시도했다. 엄인호 역시 이전부터 블루스 뮤지션의 모습을 보여줬었다. 당시 30대에 접어든 이들은 신촌블루스 결성 전부터 이미 밴드 결성에 필요한 공통분모를 공유하고 있었던 것이다.

1988년 1월 드디어 신촌블루스는 대망의 데뷔 앨범 《신촌블루스 1집》1988을 발표한다. 이 음반은 서로 다른 개성을 지닌 두 거장. 즉, 교과서적이라 할 정도로 정교한 음악을 지향했던 이정선과 즉흥적인 필링을 중시했던 보헤미안 엄인호가 서로 절충하여 완성한 음반이다. 한국적인 감수성이 느껴지는 신촌블루스표 블루스의 정수이며, 엄인호가 개인적으로 가장 아끼는 〈그대 없는 거리〉로 음반의 포문을 연다. 이 곡에서 리드보컬인 한영애도 세인^{世人}의 폭발적인 관심을 모았다. 엄인호가 블루지한 필링으로 소화한 〈오늘같은 밤〉, 1970년대 신중현 사단의 보컬리스트였던 소울 가수 박인수가 게스트 보컬로 참여해 노래한 〈나그네의 옛이야기〉와 〈봄비〉, 이정선이 작사 작곡 노래 연주한 〈한밤중에〉, 〈바닷가에 선들〉, 〈Overnight Blues〉…. 이 곡들을 들어보면 그의 블루스적 감성이 결코 엄인호의 그것에 비해 뒤떨어지지 않음을 알 수 있다.

엄인호가 작사 작곡하고 엄인호, 정서용이 함께 부른 〈아쉬움〉은 이 음반에서 가장 사랑받았던 곡으로 '신촌 블루스는 가요 블루스다'라는 말이 나온 배경이 되었을 정도로 대중성이 있었던 곡이다. 마지막 트랙으로 한영애가 한번 더 리드보컬로 나선 〈바람인가〉는 엄인호표 블루스 록의 개가^{凱歌}였다.

우리 가요사에서 이처럼 블루스를 전면에 내세웠던 예가 없었고, 또, 그런 가수나 음반이 성공한 전례가 없었기 때문이었으리라. 신촌블루스는 1집의 성공으로 대학가를 중심으로 꾸준한 공연을 통해 인기몰이를 한다. 다양한 조인트 형식의 세션을 가졌던 이들은 한영애가 빠진 자리를 김현식이 주도적으로 메우고 정서용, 봄여름가을겨울 등이 참여해 1989년 3월 《신촌블루스 2집》1989을 발표한다. 기존 블루스 음악에 레게나 펑키, 재즈 등의 다양한 장르를 흥미롭게 가미했던 이들은 2집에서 앨범의 완성도를 높이기 위해 〈환상〉과 같은 곡에서 브라스^{Brass}를 추가했으며, 〈골목길〉을 히트시키며 블루스 계열의 음악을 한국 대중음악사에 각인시킨다. 이 음반에서 이정선과 엄인호, 두 사람은 팽팽한 긴장감을 유지하면서도 절묘한 조화를 이루어내 최상의 사운드를 뽑아냈다.

〈황혼〉에서의 정서용은 한영애의 공백을 메우며 눈부신 가창을 들려준다. 〈바람인가 빗속에서〉는 엄인호가 쓴 곡인 〈바람인가〉와 이영훈이 쓴 〈빗속에서〉를 접속곡으로 완성한 것. 엄인호의 진득한 보컬에 김현식도 추임새를 넣으면서 중량

감을 더해주었다. 흡사 제프 벡^{Jeff Beck}을 연상시키는 서릿발 같은 기타 연주가 강렬하게 다가오는 이정선의 자작곡 〈산 위에 올라〉는 파워풀하면서도 리듬감 넘치는 곡이었다. 이정선 자신의 포크 히트곡을 완전히 해체해 재구성했다. 이정선은 자작곡 〈아무 말도 없이 떠나요〉에서도 자신의 능력을 유감없이 보여주는데, 비단 두 곡 뿐만 아니라 음반 전체에 걸친 이정선의 작곡 및 편곡 능력은 놀라울 정도다. 특히나 김현식의 참여는 획기적인 사건이었다. 엄인호가 그토록 바라던 보컬의 전형이자 이상이라고 생각한 김현식의 소울틱하면서도 영감에 찬 목소리로 표현된 〈골목길〉은 말 그대로 압권이었다. 〈골목길〉은 김현식으로 인해 진정한 가요 명곡으로 재탄생할 수 있었다.

2집 음반의 히트에 힘입어 같은 해에 벌였던 'Love At First Sting Tour 1989'의 실황을 모은 앨범 《신촌블루스 Live Album》1989을 발표한다. 팀의 중심이었던 이정선이 떠난 상태에서 만들어진 첫 번째 음반이기도 하다. 그들 최초의 실황앨범이자 들국화의 스튜디오 라이브 앨범과 함께 국내 대중음악계의 양대 실황명반으로 손꼽히는 앨범이다. 일반 앨범에서는 느끼기 힘든 격정과 열정 그리고 그 당시의 공기와도 같은 관중들의 숨결까지 고스란히 느껴지는 보석같은 이 앨범은 80년대 나온 가요 라이브 앨범 중 이 앨범의 아성을 넘는 앨범이 있을까 할 정도의 환상적인 실황 음반의 진수를 보여준다.

《신촌블루스 3집》1990부터 엄인호와 이정선은 헤어지고 2인자였던 엄인호에 의해 독자적인 노선을 걷는 신촌블루스 시대를 알리기 시작한다. 특히, 밴드의 멤버 구성상 큰 비중을 차지하고 있는 요소인 여성 보컬리스트의 존재감 역시 1집에서의 한영애, 2집에서의 정서용처럼, 엄인호의 음악적 역량이 유감없이 발휘된 3집에서는 90년대 한국 여성보컬의 진수를 보여준 정경화, 이은미가 가세해 또 다른 한국적 블루스의 모습을 보여주고 있다. 여성 보컬리스트들이 참여한 곡들에서는

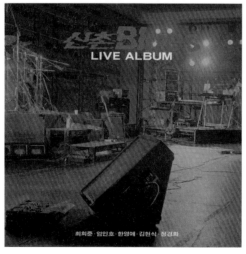

희희준 · 엄인호 · 한영애 · 김현식 · 정경화

오래오래 기억 될…
신촌블루스 / 노래를 찾는 사람들 / 동물원 / 이문세 / 이승환

종종 기타보다 브라스가 부각되거나 보컬의 절창^{絕唱}이 두드러진다.

전작에 비해 더욱 세련된 수록곡들을 자랑하는 3집에서는 엄인호의 〈향수〉, 김현식의 〈이별의 종착역〉, 연주곡 〈신촌, 그 추억의 거리〉 등에서 서정적이고 좀더 대중친화적인 블루스를 담아내고 있다. 엄인호 특유의 기타 연주와 분위기가 돋보이는 이 앨범에서, 평소부터 "한국화 된 블루스"를 만들고 싶었던 그는 〈향수〉와 같은 곡을 선보인다. 엄인호 자신이 비비 킹^{B.B. King}의 〈The Thrill Is Gone〉에서 강한 영향을 받은 것이라고 밝힌 바 있는 〈향수〉가 가요화 된 블루스라면 〈이별의 종착역〉은 블루스화 된 가요라고 할 수 있을 것이다.

엄인호 자신의 개성적인 보컬과 기타 애드립이 두드러지는 〈나그네의 옛이야기〉를 비롯한 3집 앨범의 결과물들이 안정되고 깔끔하게 들려오는 것 역시 엄인호, 자신이 하고 싶던 음악적 지향^{志向}들이 좀더 적절한 언어를 찾은 것이라고 볼 수도 있을 것이다. 이렇듯 신촌블루스 3집은 '엄인호 스타일'의 완성이라는 의미와 더불어, 신촌블루스가 대중적으로 성공을 거두었던 마지막 스튜디오 앨범이라는 점에서 큰 의미를 지니고 있는 수작 앨범이었다.

공식적인 신촌블루스 디스코그래피^{discography}의 마지막으로 볼 수 있는 1992년의 《신촌블루스 4집》₁₉₉₂ 이후에도 신촌블루스의 공연은 이어졌다. 연륜과 관록의 수장 엄인호가 건재한 '결성 30주년의 대한민국 블루스 밴드의 자존심 신촌블루스' 란 유의미한 수식어로 간헐적이나마 발표하고 있는 컴필레이션 앨범과 리레코딩^{re-recording} 음반, 또 디지털 싱글을 통해 스스로 기록하기 시작한 한국 블루스 역사의 다음 장을 부단히 열어가고 있다.

최근 30주년 기념앨범 발매 소식과 예전 멤버들이 함께 참여하는 30주년 기념 대공연 및 전국투어를 준비하는 신촌블루스의 웅비^{雄飛}를 다시금 볼 수 있기를 고대해 바라마지 않는다.

시대정신을 견지한
위대했던 영광
—

노래를 찾는 사람들

No Chat Sa

　　2016년 11월 12일 토요일, 100만 촛불의 현장에 있었다. '길가에 버려진' 우리 자신들을 위로하듯 광화문은 오래도록 촛불로 가득했다. 그 어떤 노래보다 더 아름다웠다. 30여년 전, 민주화와 사회 정의를 갈망하던 수많은 이들과 함께 그 마른 들판에서 노래의 꽃을 피웠던 그 때가 오버랩^{Overlap}되는 것은 필자 뿐만이 아닐 것이리라.

　　80년대에서 90년대에 걸쳐 대한민국에서 활동한 '노래를 찾는 사람들'^{이후 노·찾·사라 칭함}이 첫 앨범을 내며 세상에 이름을 낸 지도 벌써 30여년이 넘었다. 수많은 민주·사회단체, 대학교, 노동현장에서의 공연을 통해 폭넓은 대중과 만나면서 노래운동의 대중화에 앞장섰고, 대중예술의 갈래로서 노래가 지니는 사회성과 역사성을 담아내며, 당시 어두웠던 시대의 아픔을 표현함으로써 1980년대를 살았던 이들의 정서적 교감을 이끌어내는 중요한 역할을 했다.
　　더불어 '노찾사'는 광범위한 노래운동의 대중화의 초석을 이끌어냄과 동시에 대중음악사에 중요한 발자취를 남긴 고故 김광석·안치환·권진원·윤선애·이혜원 등 음악인들의 요람이기도 했다. 80년대 한국 사회가 길고 긴 군사 통치의 터널을 뚫고 나오던 과정은 이 사회와 우리들 삶과 의식의 곳곳에 씻기지 않을 흔적과 상처를 남겼다.

'노찾사'라는 집단과 그들이 불렀던 노래들, 그리고 그 노래들로 하여 힘과 용기, 위안과 감동을 얻었던 수많은 사람들의 기억 역시 그 80년대의 흔적 가운데에 있었음은 물론이다. 당시는 1980년 5.18 광주민주화운동, 전두환 정권과의 투쟁, 이후 유화책宥和策인 1984년 학원자율화 조치 등 '광주'라는 시대적 과제가 대학가 노래의 '정치화'를 가속화시키고 있을 무렵이었다. 김민기의 동요 뮤지컬 〈개똥벌레 이야기〉를 음반으로 제작하려던 기획이 단지 김민기의 작품이라는 이유로 심의에 탈락하게 되어 녹음까지 마친 채 사장死藏되던 공포의 전두환 정권 시절, 이를 만회하기 위한 작업으로 김민기가 서울대 메아리, 이화여대 한소리, 고려대 노래얼, 성균관대 소리사랑 재학생들로 구성된 노래모임 '새벽'에 음반 기획을 제안한 것이 본 프로젝트의 시작이었다. 당시에는 시장에서 판매 될 음반을 위해선 심의 통과가 가장 큰 숙제였다. 공연윤리 위원회의 검열의 칼날이 시퍼렇던 시절이었고, 김민기의 뼈 아픈 선경험이 있었기에 더욱 그랬었다. 일차적으로 가사 심사를 통과해야만 했다.

'새벽' 구성원들이 창작한 노래 중에서 심의에 문제가 되지 않을 곡들을 3배수 정도 뽑아 가사 심사를 통과한 곡이 본 음반《노래를 찾는 사람들 1》1984에 실린 9곡이었다. 훗날 안치환이《Nostalgia》1997에 실었던 〈하얀 비행기〉와 고故 김광석이 불렀던 〈나의 노래〉 모두 가사 심의에서 제외되었던 노래들이다. 특히 〈그루터기〉는 가사 중 '우리의 피가'를 '우리의 땀이' 이런 식의 편법을 쓰기도 했다.

　　드디어 1984년 12월 노찾사 1집이 세상에 나왔다. 그러나 제대로 대중을 만날 기회를 갖지 못한 채 사장되어야 했다. 당국의 압력을 느낀 음반사가 시중에 유통시키지도 않고 그대로 창고에 쌓아 두었기 때문이다. 이후 '노찾사' 활동이 활발해진 80년대 말에 가서야 새롭게 조명 받게 된다.

　　《노래를 찾는 사람들 1》은 당대 노래운동의 가장 대표적인 작품들을 최초로 합법적으로 앨범에 담았다는 점과 군사 정권하 민주화에 대한 대중들의 갈망을 노찾사가 부르는 민중가요에 대해 전폭적인 지지와 관심을 이끌어 내는 단초端初가 되었다는 점에서 큰 의미가 있었다. 아울러 『노찾사』의 노래들은 이 음반의 프로듀서 김민기 서정의 모뉴멘털리티Monumentality를 계승한 한국적 모던 포크, 이와 결합된 혁명적 낭만주의 가곡, 다시 말하면 한국적인 혁명 가곡의 출발점이었다.

　　1987년 여름, 6월 시민항쟁의 여진이 채 가라앉기 전, 폭우로 노래모임 '새벽'의 스튜디오가 물난리를 겪는다. 그로부터 한달쯤 뒤 새단장한 스튜디오에서 그동안

오래오래 기억 될…
신촌블루스 / 노래를 찾는 사람들 / 동물원 / 이문세 / 이승환

주로 비합법 공간을 무대로 해오던 노래운동을 합법 공간으로 확대하자는 것과 '새벽'은 지금까지 해 오던 방식의 노래운동의 주체로 남고, 합법의 테두리 안에서 이루어지는 대중적 활동은 '노찾사' 이름으로 하는 것으로 뜻을 모은다.

그 결과로 이루어진 것이 바로 1987년 10월 13일, 종로5가 한국교회 100주년 기념관에서 '노찾사'의 역사적인 첫 번째 공연이 이루어진다. 그리고 미리내 중극 장에서의 폭발적인 공연이 있었고, 연우 소극장에서의 장기 공연으로 이어진다.

일련의 공연을 통해 '노찾사'는 순식간에 노래운동의 대명사로 자리매김한다.

이후 '노찾사'의 역사는 바로 그 순간 관객들과 함께 확인했던 정서적 일체감, 오랜 억압과 투쟁의 세월을 지나 6월 시민항쟁의 빛나는 함성을 통해 승리의 신념 이 빚어낸 그 뜨거운 공감으로부터 시작되었다.

1989년 10월 발매된《노래를 찾는 사람들 2》는 진보적 노래운동의 성과가 상 업적 대중가요 음반 시장 안에 의도적으로 진입해 성공한, 우리나라 대중가요사상 최초의 기념비적 음반이다. 무사히 발매되는 것이 최우선의 목적이었고, 엄혹한 검열에 통과할 만한 무난한 곡들이 선택된 1집에 비해 2집은 '노찾사'라는 노래집 단을 발족시키고 수차례의 공연을 통해 상당한 성과를 축적한 후에 만들어낸 본 격적인 첫 음반이라는 점에서 구별된다.

공연 때 마다 매진 행진을 계속함과 동시에 발매 후 1년 사이 50만장을 돌파했 고, 이후 90년대 초중반까지 100만장 이상 판매되었다. 그 해 두 번째로 많이 팔린 음반으로 기록되었으며, 〈솔아 솔아 푸르른 솔아〉는 전국 디제이 차트에서도 90주 간이 넘게 차트에 머무는 새로운 기록을 세웠을 정도였다. 수록된 9곡 모두 당시 의 검열 기준에 비춰보면 과감한 표현들로 뒤덮여 있었다.

　'노찾사'의 음악적 방향에 절대적인 영향을 미친 문승현의 4곡, 5월 광주 진혼
곡 〈5월의 노래〉, 〈이 산하에〉, 〈사계〉를 비롯해, 전태일 열사 추모의 의미를 담은
80년대 최고의 명곡 〈그 날이 오면〉과 〈솔아 솔아 푸르른 솔아〉, 〈마른 잎 다시 살
아나〉, 〈잠들지 않는 남도〉, 〈광야에서〉, 〈저 평등의 땅에〉 등 수록곡 모두 민중가요
의 절창絶唱을 만들어 냄과 동시에 가장 치열한 의식을 가장 서정적으로 형상화한
노래운동의 상징적 작품들로 가득한 명반이었다.

　그리고 2집 이후 많은 공연을 통해 얻어진 창작곡들과 공들여 새롭게 편곡
한 기존의 몇 노래들을 다듬어 《노래를 찾는 사람들 3》1991을 발표한다. 〈임을 위
한 행진곡〉, 〈녹두꽃〉 등 노래운동의 가장 대중적인 연결 고리로서 역할을 다 하
면서 동시에 '노찾사'만의 색깔을 담은 10곡을 담아냈다. 2집이 얻었던 엄청난 성
공에 비해 상대적으로 대중적 호응은 덜 받았지만, 40만 장 넘는 판매고를 기록
한다. 이 무렵부터 '노찾사'는 소극장 라이브 콘서트와 함께 전국의 중소 도시들
을 찾아 공연을 했다.
　3집 이후 3년 만에 발매된 4집 《노래를 찾는 사람들 4》1994은 세련된 악기 편
성과 연주, 그리고 전문적인 가창력이 돋보이는 '노찾사'의 전문성을 총동원한 앨

오래오래 기억 될…
신촌블루스 / 노래를 찾는 사람들 / 동물원 / 이문세 / 이승환

범이었다. '노찾사' 출신 유명 솔로가수들^{김광석·안치환·권진원}이 함께 부른 〈끝나지 않은 노래〉를 비롯해 4.19혁명을 노래한 〈진달래〉, 3집 때 심의반려된 〈백두에서 한라, 한라에서 백두로〉와 〈동지를 위하여〉, 〈우리 큰 걸음으로〉 등 특유의 감동적인 합창과 섬세한 서정이 돋보이는 11곡을 담아내었지만, 4집 이후 '노찾사'는 사회적 담론談論의 중심에서 밀려나고 있었다.

문민정부와 동구권 몰락, 서태지 신드롬 등에 밀려 혁명적 낭만주의가 설 자리는 점점 사라져 갔다. 이후 '노찾사'는 《노찾사 10주년 기념음반》1994과 《노찾사 모음하나》1997를 발표했다. 20주년을 맞이하던 2004년에는 2집과 3집을 묶은 합본반 《노찾사 20주년 기념음반》을 발매하고, 이듬해 10월, 21주년 기념 콘서트, 그리고 대학로 공연2007 등을 통해 본격적으로 활동을 재개하기 시작한다. 2008년에는 〈노찾사, 김민기를 부르다〉를 시작으로 한국 대중음악에 있어 '지성적 대중음악'이라는 또 하나의 전통 만들기를 시도하며 홍대 앞 소극장 공연2009까지 이어졌다.

시대정신을 견지했던 '노찾사'의 그 위대했던 영광은 퇴색되었지만, '노찾사'의 노래들은 역사의 변곡점變曲點마다 여전히 불리어지고 있다. 필자 역시도 '노찾사'의 행보가 계속되었으면 좋겠다. 세상에는 아직도 노래할 것이 많기 때문이다.

우리가 두고 온 꿈들

동물원
Zoo

  동물원이 등장했던 80년대 말은 한국사에서는 과도기적 시기였다. 1987년 6월 항쟁으로 엄혹^{嚴酷}한 군사독재의 장막이 걷히고 있었지만 진정한 민주화의 길은 아직은 요원했기에 캠퍼스는 언제나 매캐한 최루탄 냄새로 가득했다. 그런 속에서 많은 이들은 이중생활을 했다. 숱한 나날들을 스크럼^{scrum}을 짜고 민중가요를 불렀지만, 집에 돌아와서는 동물원이나 여행스케치의 노래를 들었다. 아직은 남아있던 80년대의 엄숙주의와 다가올 90년대의 자유주의 혹은 개인주의의 분위기가 혼재하던 시기였다. 이런즉 동물원의 노래들은 그 중간지대에 위치한 아주 특별한 좌표^{座標}였던 것이다.

  운동권의 엄숙주의가 애써 외면하려 했던 개인적 영역의 고민들을 가감 없이 솔직하게 드러냈지만 당시 주류 가요판을 지배하던 뻔한 사랑타령과는 격을 달리했다. 그들이 전하는 감성은 순수하고 투명했으며 편안한 휴식과도 같았다. 많은 이들이 그 안에서 편안한 안식처를 찾았으며 따뜻한 위안을 얻었다. 바로 그것이 동물원이 그린 아주 특별한 서정이었으리라. 1980년대 후반 동물원의 평범^{平凡}해

서 비범非凡했던 등장은 가요계에 잔잔하지만 결코 쉽게 끝나지 않을 파장을 만들었다. 그들의 음악은 가장 평범했지만 그래서 가장 특별했다. 덜 다듬어진 듯 거칠고 투박하고 때로는 장난스럽기까지 했으나 그것은 유치하거나 부족함이 아니라 그들만의 개성과 매력이 되었다. 모두가 특별한 것을 원하고 모두가 완벽한 것을 추구할 때 그들은 어설프고 덜 세련된 모습으로 세상과 조우遭遇했다. 그러자 많은 이들이 바로 그 점에 환호했다. 그곳에서 자신과 가장 가까운 조금은 모자라지만 순수한 자화상을 발견했던 것이다. 그 감성의 틈바구니를 동물원은 영민하게 파고들었다.

82학번으로 동갑내기이자 술친구들이었던 이들은 80년대 자신들이 발 딛고 있는 지점을, 억압된 사회 체제와 이데올로기 속에 갇힌 대학으로 판단하고 어느 곳에서도 소속감을 느끼지 못했다고 한다. 친구 사이였던 이들이 모두 싱어송라이터였다는 점은 서로에게 엄청난 행운이었다. 멀지않은 미래에 고故 김광석과 김

창기는 우리 대중음악 역사의 한 페이지를 장식하는 뮤지션이 된다.

고故 김광석 · 김창기 · 유준열 · 박경찬 · 박기영 · 최형규 · 이성우 등 7인으로 결성 당시 '우리는 사회 체제 속에 갇혀 있다'라는 의미로 동물원이라는 팀명을 정한 이들은 우연히 이들의 음악을 접한 산울림 김창완의 권유로 —원래 단 한 장의 기념음반으로만 기획되어 제작되었다.— 음반을 발표한다. 데뷔 앨범 《동물원》1988은 그 풋풋한 가사와 멜로디로 우리 대중음악계에 신선한 충격파를 던졌고, 이 잔잔한 음들에 많은 사람들이 감동을 받았다.

특히, 〈거리에서〉를 부르는 고故 김광석의 절절한 창법과 〈변해가네〉와 〈잊혀지는 것〉으로 이어지는 삶에 대한 소소한 감정들에 대한 표현도 비범했다. 그렇게 많은 이들의 가슴을 무너뜨려버리거나 포근하게 보듬는 김창기의 서정성 안에는 상실과 체념의 정서가 짙게 배어있었다. 이들은 초창기부터 신선함과 뛰어난 곡들로 두터운 팬층을 확보했다.

1988년 1월 발표된 데뷔 앨범에서 이들은 〈거리에서〉와 〈변해가네〉로 대학가와 메인스트림을 두들겼다. 타이틀곡 〈거리에서〉는 대학가와 다운타운가를 중심으로 폭발적인 사랑을 받으며 방송에서도 심심치 않게 전파를 탔다. 〈거리에서〉를 비롯해 〈잊혀지는 것〉, 〈변해가네〉 등을 만든 김창기의 송라이팅 능력은 이미 상당한 수준에 도달해 있었고, 유준열도 〈말하지 못한 내사랑〉을 통해 만만치 않은 존재감을 드러냈다. 그룹의 보컬리스트는 훗날 한국 포크의 거장으로 자리매김되는 고故 김광석이었지만 정작 앨범에서 그가 부른 노래는 그리 많지 않았다. 〈거리에서〉 외에 〈말하지 못한 내사랑〉은 유준열과 함께 불렀고, 〈잊혀지는 것〉과 〈비결〉은 김창기가, 〈변해가네〉는 박기영이, 〈어느 하루〉는 박경찬이 불렀다. 대체로 자기가 만든 곡은 자신이 스스로 부르고 있는 모양새다.

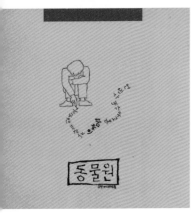
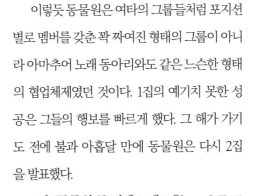

　　이렇듯 동물원은 여타의 그룹들처럼 포지션
별로 멤버를 갖춘 꽉 짜여진 형태의 그룹이 아니
라 아마추어 노래 동아리와도 같은 느슨한 형태
의 협업체제였던 것이다. 1집의 예기치 못한 성
공은 그들의 행보를 빠르게 했다. 그 해가 가기
도 전에 불과 아홉달 만에 동물원은 다시 2집
을 발표했다.

　　2집 《동물원 두 번째 노래모음》1988으로 그
놀라움을 더 증폭시킨다. 〈혜화동〉의 그리움에
서 〈별빛 가득한 밤에〉의 감수성, 〈새장 속의 친
구〉의 시적 형용, 그리고 〈흐린 가을 하늘에 편
지를 써〉의 대중성으로 높은 판매고를 기록하
며 이 앨범은 이들의 5집과 더불어 최고의 작품
으로 꼽힌다. 한층 더 탄탄해진 스타일과 안정된
편곡을 보여주면서도 그들만의 순수한 감수성
은 훼손되지 않았다. 김창기는 〈혜화동〉과 〈흐
린 가을 하늘에 편지를 써〉를 통해 히트곡 작곡

김창기, 겨울의 어떤

가로서의 위상을 공고히 했고, 〈별빛 가득한 밤에〉와 〈잘 가〉로 존재감을 알리기 시작한 박기영 역시 고정팬을 확보한다. 1집에 비해 완성도 면에서 진일보했다는 평가를 받았고 상업적으로도 전작을 뛰어넘는 성과를 거두었다.

이후 고故 김광석은 가객 김광석 시대를 열어젖힌 솔로 1집으로, 이성우 역시 솔로 1집으로 전향한 가운데, 김창기·박경찬·유준열 3인 체제로 《동물원 세 번째 노래모음》1990을 발표한다. 〈시청 앞 지하철역에서〉가 많은 사랑을 받았다. 이듬해 박기영의 합류와 함께 《동물원 네 번째 노래모음》1991을 발표 후 〈아침이면〉을 히트 리스트에 올려놓는다.

마침내 댄스 음악이 주류이던 즈음 발표한 역작力作이자 필자의 애장愛藏 앨범인 더블 앨범 5집 《동물원 5-1》, 《동물원 5-2》1993를 통해 19

곡을 발표하지만 큰 주목을 받지는 못했다. 이후 기타리스트 출신의 배영길이 합류 후 《동물원 6》1995를 발표해 〈널 사랑하겠어〉가 다시 차트에 모습을 드러내며 이들의 기나긴 생명력을 증언한다. 이 앨범을 마지막으로 김창기는 동물원을 떠나 학교 선배이자 같은 정신과 의사인 이범용과 프로젝트 팀 '창고'를 결성해 대중음악사의 길이 빛나는 명반 《창고》1997를 발표한다.

같은 해 발표한 7집 《동물원 일곱 번째》1997가 실패한 뒤 유준열 · 박기영 · 배영길 셋만 남아 《동물원 여덟 번째 이야기》2001를 발표하며 지금까지도 활동을 해오고 있다. '우리가 지금보다는 조금 더 수줍던 날의 이야기들'이란 부제로 2003년 발매된 9집 《아홉번째 발자국》2003을 통해 동물원 초창기 시절 각각의 사연들로 인해 기존 앨범에 실리지 못했던 18곡의 미발표곡을 더블시디에 담아 발표했다.

남은 세 명 중 두 명은 직업 가수가 되었고, 유준열 만이 회사를 다니며 자신의 꿈을 계속 이루어 가고 있지만 멤버들 각자가 스타일리스트라 할만큼 팀의 조화와 개인의 성향을 뚜렷이 유지하고 있으며, 추억과 그리움에 대한 회고적인 가사와 멜로디로 여전한 폭넓은 사랑을 받고 있다.

더불어 김창기는 2000년 자신의 이름을 건 첫 개인앨범 《하강의 미학》2000을 발표해 평단과 대중의 찬사를 다시금 받았다. 오랜 공백기를 거친 뒤 2013년 두 번째 앨범 《내 머리 속의 가시》2013를 발표하자마자, 9개월 후 《평범한 남자의 유치한 노래》2014를 발표하고, '소극장 창기네'라는 공연장도 마련했다. 여전히 가수로, 작곡가로, 정신과 의사로 또 라디오 DJ로 바쁜 날들을 보내고 있다.

동물원의 멤버들은 의사와 회사원 등 각자 음악과는 무관한 별도의 직업을 가지고 있으면서 동물원의 이름으로 뭉쳐 음악을 했다. 그런 느슨함이 결국 1집에서 7명으로 시작했던 멤버가 줄고 줄어 지금의 3인조가 된 원인이 되었을 터이지만 그런 체제가 가진 강점도 분명히 있었다. 동물원이 계속해서 소년의 투명한 감수성을 유지할 수 있었던 것은 어쩌면 그 때문이었을 수도 있다. 과거는 끊임없이 미화美化되는 것이라 했다. 추억이 아름다운 것은 그 때문이다. 우리가 두고 온 꿈들을 전하는 동물원의 서정敍情은 여전히 아름답다.

화양연화花樣年華의 초상

—

이문세

1985년부터 1989년까지 바야흐로 이문세의 전성시대였다. 주류 시장에서는 여전히 조용필이 가왕歌王의 위용을 과시했지만 정작 대중을 사로잡고, 음반 업계를 평정한 건 이문세였다.

1·2집 《나는 행복한 사람》1983, 《The Best 이문세》1984를 발표했을 때까지만 해도 가수로서의 성공 가능성은 없다는 비난을 감수해야 했던 이문세의 대성공은 정말 누구도 예상치 못한 결과였다. 그 인기는 올림픽이 열리던 1988년 최고조에 달했다. 그 해는 이문세 명작 3부작의 완결판이라고 할 수 있는 5집 《이문세 5》1988이 발매된 해로, 그의 5집은 선주문만 수십만장에 이를 정도로 폭풍 인기를 과시했다. 당시 발매사인 킹레코드는 3,300원이던 음반 가격을 예고없이 일방적으로 4,000원으로 인상해 소매상들의 불만을 샀다. 급기야 불매 운동으로까지 번졌지만 이미 달아오른 '이문세 현상'을 수그러뜨릴 수는 없었고, 무려 250만장이라는 판매고를 찍는다.

뿐만 아니었다. 5집 발매 이후에도 4집《이문세 4》1987의 인기는 식을 줄을 몰 랐고 4집은 약 285만장이라는 경이적인 판매고를 기록했다. 이문세 3부작3집, 4집, 5집의 판매량은 무려 도합 7백만장에 육박했다. 따라서 적어도 1980년대 후반 음 반 판매량으로 본 가요계의 절대강자는 이문세가 확실했다. 이것이 국내 대중음 악의 밀리언셀러Million seller 시대를 만개시킨 이문세를 '팝 발라드의 레전드'라고 부 르는 이유다.

1959년 서울생인 이문세는 1978년 CBS 방송국의 '세븐틴Seventeen'이라는 프 로그램을 진행함으로써 연예계에 데뷔하여 데뷔 초 타고난 입담을 과시하기 시작 한다. 이후 1983년, 발라드 가수로서의 음악 활동을 시작하면서 가수로서의 그 첫 발을 내디딘다. 본격적으로 대중들에게 어필하기 시작한 시점은 1985년 그의 3집 《이문세 3》1985에 포함된 〈난 아직 모르잖아요〉, 〈빗속에서〉, 〈휘파람〉, 〈소녀〉 등 이 히트하면서였다. 그가 그 이전에 발표했던 두 장의 앨범은 거의 대중들에게 알

오래오래 기억 될…
신촌블루스 / 노래를 찾는 사람들 / 동물원 / 이문세 / 이승환

려지지 않았을 뿐 아니라, 음악적으로도 소위 이문세표 음악과는 다름을 알 수 있다. 그 다름의 이유는 바로 유려한 키보드와 감미로운 멜로디, 클라이맥스를 이끌어 내는 밀도 있는 편곡, 외국의 그것과도 필적할 만한 현악기가 가미된 클래식한 구성양식 등으로 대표되는 파트너 고故 이영훈이 직조織造한 음악이 아니었다.

고故 이영훈은 자타가 공인하는 80 · 90년대 최고의 명곡들을 양산했던 최고의 작곡가였으며, 이문세를 레전드로 견인한 1등 공신이었고 80 · 90년대 한국 대중음악의 수준을 외국의 그것과 대등하게 끌어올린 '팝 발라드' 장르의 개척자라 평가할 만하다. 그는 발라드와 포크의 모호한 장르적 경계를 현악기가 가미된 클래식 음악기법 도입으로 확실하게 구분시켰다. 실로 고故 이영훈의 곡들은 80년대 후반까지 외국의 팝음악에 비해 상대적으로 왜소해 보였던 한국 대중음악의 위상을 급상승시키는 계기를 마련한 보석 같은 노래들이었다. 이렇듯 '팝 발라드'로 규정된 장르의 탁월함은 이후 변진섭 · 신승훈 · 조성모 같은 발라드 황제 급 가수들로 이어지며, 폭 넓은 대중적인 사랑을 한껏 누리며 절정의 인기를 구가한다.

1985년 신촌블루스의 엄인호 사무실에서 만난 두 사람의 시너지는 3집부터

시작된다. 그야말로 '발표는 곧 히트'라는 등식을 성립시키며 거침없는 하이 킥을 이어간다. 대중가요에 팝과 클래식을 접목해 격조 깊은 사랑노래를 제시한 고故 이영훈의 음악은 서정적이고 감미로운 창법으로 노래한 이문세를 통해 상상을 초월하는 화학반응을 일으킨다. 대중이 기억하는 거의 모든 이문세의 히트곡은 죄다 이영훈이 작곡한 노래로, 당시에 발표된 노래들은 거의 다 각종 대중매체 인기차트의 최상위를 점령했다.

150만장이 팔린 3집이 황금콤비의 밀리언셀러 시대를 연 신호탄이었다면, 무려 285만장의 판매기록을 수립한 4집은 그때까지의 사상 최다 음반판매 기록을 뒤엎는 하나의 사건이었다. 이문세의 4집은 대중가요의 부흥에 절대적으로 기여한 1980년대 최고의 명반 중 하나다. 기록적인 음반 판매량는 물론이고 대중의 절대 지지를 얻어내며, 내용과 형식음악성과 흥행 모두 완벽한 성공작이었다. 주류 스타이면서도 TV보다는 라디오를 통한 신비 마케팅과 전담 작곡가 시스템을 통한 음반과 공연이라는 활동반경은 이전에는 볼 수 없던 차별적인 것이었다. 그 자신감은 고 이영훈의 새롭고 뛰어난 음악이 있었기에 가능했다.

2006년 대장암 판정을 받고 힘겨운 투병을 벌이다 지난 2008년 2월, 세상을 떠난 고故 이영훈이 감성적으로 최정점에 올랐음을 확인시켜 주는 4집이 대한민국 팝 발라드의 정점이라면, 5집은 대한민국 팝 발라드의 완성이라 자부할 만하다. 이후 6집《이문세 6》1989에서는 소녀취향의 발라드에서 벗어나 보다 다양한 조국과 민족, 사회를 생각하는 시선을 적절하게 담아낸다. 〈그게 나였어〉, 〈장군의 동상〉, 〈해바라기〉 등의 히트곡을 남긴다. 7집《이문세 VII》1991은 〈옛사랑〉, 〈겨울의 미소〉와 같은 곡들이 성인층을 중심으로 적잖이 히트했지만, 고급스럽고 재지 Jazzy한 이미지를 주는 대부분의 곡들이 2집 이후 처음으로 경험하게 되는 대중적인 실패를 맛본다.

본 앨범의 부담과 고故 이영훈의 독자적인 음악 공부를 위해, 이후 이문세는 잠시 고故 이영훈과 결별하고 내놓은 앨범이 8집《Lee Moon Sae》1993이다. 당시 가장 주목 받던 김현철과 유정연, 빛과 소금이 함께 작업한 이 앨범은 〈한번쯤 아니 두 번쯤〉, 〈종원에게〉 등이 공중파를 타며 인기를 모았다.

서태지가 몰고 온 댄스와 랩의 열풍이 절정을 치닫고 있던 1995년, 이문세는 오랜 동료 고故 이영훈과의 재회를 통해 매우 회고적이며 고전적인 느낌의 앨범 9집

《95 Stage With Composer Lee Younghun》1995을 발표한다. 발군의 편곡자인 김명곤과 신세대 음악인인 김형석을 참여시켜 조화를 꾀했지만 댄스 위주로 재편된 시장에서 대중적인 참패를 맛본다. 수록곡 〈영원한 사랑〉을 듣고 이승환과 정석원이 〈천일동안〉의 편곡을 구상했다는 후일담도 전해진다.

9집 실패에 대한 부담이었을까. 그의 10집 《화무花舞》1996는 젊고 유능한 아티스트들이 대거 참여해 보다 다양한 색깔을 담아낸다. 특히 유희열이 만들고 이적을 객원가수로 참여시킨 〈조조할인〉은 실로 오랜만의 공중파 넘버원곡으로 기록되기도 한다. 대중적으로는 그의 재기작임이 분명했다. 그의 11집 《Some-times》1998는 이 같은 작업의 연장선상에 놓여있었다. 나원주 · 정재형 · 조규찬 · 조규만 등 젊은 프로듀서들을 기용해 〈솔로예찬〉과 같은 대중적인 히트곡을 내놓게 된다. 더불어 브랜드 콘서트인 '이문세 독창회'의 하이라이트를 모은 《이문세 독창회 I 1981-1999》1999를 통해 초기작부터 후기작까지 다양한 곡을 뽐낸다.

자신감을 얻은 이문세는 고^故 이영훈과 다시 만나 12집《휴^休》1999를 발표한다. 회고적인 성격이 강한 작품임과 동시에 〈애수〉와 이소라와 함께 부른 〈슬픈 사랑의 노래〉가 사랑을 받았지만, 아쉽게도 앨범의 전체적인 완성도에 비해 대중적으로 큰 인기를 모은 앨범은 아니었다. 이후 1년 6개월만에 고^故 이영훈과의 마지막 협업이 되는 13집《Chapter 13》2001을 발표한다. 〈내가 멀리 있는 건〉, 〈기억이란 사랑보다〉, 김건모와 함께 한 〈여인의 향기〉 등이 사랑을 받았다.

이듬해 14집《빨간내복》2002을 통해 처음으로 작사 · 작곡한 노래들을 담았다. 지난 시절에 대한 향수, 임종을 앞둔 환자의 심정, 청소년 문제, 일상의 탈출 등 보다 다양한 주제들을 발라드, 힙합 등 다양한 음악에 담았다. 〈빨간내복〉, 〈우연^{雨然}〉, 〈유치찬란〉, 〈내사랑 심수봉〉 등이 사랑받았다. 이듬해《이문세 독창회 Ⅱ 1981-2002》2003를 발표한 뒤, 2015년 13년만의 정규앨범인《New Direction》을 발표한다. 나얼, 규현, 김광민 그리고 노영심, 조규찬, 강현민 등의 실력파 뮤지션부터 김미은, 송용창 등 실력파 신세대 작곡가들이 두루 참여했으며, 한국과 미국에서 활동하는 최고의 스태프와의 협업으로, 완벽한 사운드를 구현하며 앨범의 완성도를 높였다. 더불어 자신의 브랜드 콘서트 시작 17년만에 누적관객 100만 명 달성을 돌파했다는 기사를 접했다.

때마침 2015년은 이문세의 〈소녀〉가 발표된 지 30년째를 맞은 해였다. 「응답하라 1988」을 통해서, 수많은 후배 뮤지션들의 다채로운 음악 어법으로 재해석된 그의 노래들을 통해서, 이문세를 모르던 10대들은 물론이고 과거 그의 노래에 감동했던 30~40대 어른들의 마음까지 뒤흔들며 큰 반향을 일으키며 다시금 응답중이다. 이런즉 필자에게도 역시 이문세의 노래들은 화양연화^{花樣年華}의 초상^{肖像}이었다.

대한민국 팝 발라드

벨 에포크의 주역, 이문세

환타스틱 *Hwan-tastic*
공연지신 公演之神
—

이승환

Lee Seung Hwan

2016년 10월 15일 서울 올림픽공원 수변무대, 올 해도 어김없이 이승환의 '차카게 살자 언중유곡言中有曲' 공연이 열렸다. 2001년부터 16년 째, 매년 어김없이 공연 수익금을 한국백혈병어린이재단에 전액 기부해 오고 있는 국내 최장수 자선공연이었다. 불과 일주일 전인 10월 8일에는 대중음악사상 전례가 없는 대기록을 아로새겼다. '빠데이 7'이란 단독공연으로 순수 공연시간만 무려 8시간 27분이란 최장시간을 기록한 것이다. 8일 오후 4시에 시작한 공연은 날을 넘겨 9일 오전 1시 50분에야 끝났다. 자그마치 77곡을 소화하는 긴 공연시간 동안 흐트러짐 없이 완성도 높은 무대를 만들어 내는 뮤지션과 그 행보에 동참한 팬들의 놀라운 에너지가 만들어 낸 결과였다.

환타스틱Hwantastic 공연지신公演之神이라 불리우는 이승환이었기에 가능한 일이었다. 1965년 부산 출생인 이승환은 초등학교 4학년 때 서울로 이사를 온다. 중·고교시절 내내 조용하고 눈에 잘 띄지 않는 평범한 학생이었다. 휘문고교시절 『월간팝송』을 열독하며 평론가의 꿈을 키우던 그는 대학 1학년 겨울 어느날 '들국화'

전인권의 공연을 본 후 가수라는 직업에 매료된다. 마침 당시 교내에서 처음 생긴 음악동아리 '아웃사이더'의 오디션을 통해 1기 보컬로 음악활동을 시작하게 된다.

이듬해 오태호^{기타} · 박문수^{베이스}와 '아카시아'라는 그룹을 결성해 음악적 성장을 시작한다. 그렇게 록 음악에 심취했던 이승환은 한국외국어대를 팽개치고 딴따라의 길에 들어섰지만 쉽지 않았다. 10여 곳 이상의 음반사를 전전하며 오디션을 봤지만 퇴짜를 맞아야 했고, 결국 17번째로 간 기획사와의 계약 성사로 불합리한 조건 속에 녹음을 시작한다. 얼마 후 부친과 상의해 그간 소비한 녹음비용 8백만원을 지불하고 계약을 파기한다. 급기야 유산으로 미리 받은 5백만원으로 본인이 직접 데뷔 앨범을 제작하기에 이른다. 이 당돌한 모의를 함께 한 이는 바로 90년대 초중반을 풍미風靡한 작곡가 오태호였다.

1989년 자신의 이름으로 된 첫 앨범 《B.C 603》을 발표한다. 〈텅 빈 마음〉, 〈기다린 날도 지워질 날도〉로 가뿐히 차트를 유린하며, 폭발적인 인기와 함께 발라드계의 새로운 왕자로 자리매김한다. 더불어 라디오가 주요 매체로 각광받던 시절인 당시, 〈가을 흔적〉, 〈눈물로 시를 써도〉, 〈좋은 날〉, 〈크리스마스에는〉 등 여타 수록곡들 또한 기록적인 전파를 타며 1백만 장 이상의 판매고를 기록한다.

이어 2집 《Always》1991는 1집의 성공을 바탕으로 좀 더 진일보한 면모를 보여준다. 전작을 뛰어넘는 타이틀곡 〈너를 향한 마음〉의 메가 히트와 절친 오태호와의 협업 〈세상에 뿌려진 사랑만큼〉으로 확실하게 정상의 물고를 틀어준다. 이 둘의 친분은 결국 A면과 B면을 각각 자신의 곡만으로 채운 조인트 앨범Joint Album 《25共感》1992을 발표하며, 함께 부른 〈한사람을 위한 마음〉 역시 흥행불패의 신화를 이어간다. 이 무렵 이 자그마한 체구의 어린 왕자는 전속 밴드 Always를 이끌고 종횡무진 전국을 누비기 시작한다. 라이브의 황제라는 영광스러운 닉네임을 얻기 시작하면서, 장수長壽의 가능성을 견지한다.

3집 《My Story》1993를 발표하고 〈내게〉와 〈덩크숏Dunk Shot〉으로 인기 가도를 달린다. 그리고 좀 더 폭을 넓혀 인간에 대한 전체적인 주제를 컨셉으로 잡아, 장인의 반열에 오르게 한 역작 4집 《Human》1995을 발표한다. 'Human, the Different Side'란 부제가 붙어 있는 이 앨범은 해외에서 녹음하며 수많은 세션을 등용했으며, 차트를 점령한 〈천 일 동안〉 외에도 015B의 정석원과 함께 프로듀싱을 함으로써 수록곡 중 단 한 곡도 소홀히 할 수 없는 베스트 트랙들을 만들어 내며 전 곡이 사랑받는다.

1997년 CD자켓을 3D로 제작한 5집 《Cycle》1997에서는 가족들과의 뭉클한 화합을, 팬 1백여 명의 목소리로 노래한 타이틀곡 〈가족〉이 많은 청자들을 울린다.

어린왕자, 감성 발라더,
열혈 록커, 몽상가, 공연의 신, 소셜테이너
…

그는 이미 진즉에 아무나 하지 않는
단 한 사람이었다

〈천 일 동안〉을 잇는 대형 발라드 넘버였던 〈애원〉의 M/V 속 귀신 소동을 노이즈 마케팅으로 치부해 버린 대중들은 이 곡을 시장에서 철저하게 외면했다. 이 해프닝으로 인해 깊은 마음의 상처를 입은 이승환은 6집 《The War In Life》1999에서 〈귀신소동〉이라는 곡까지 만들게 되지만, 〈그대는 모릅니다〉, 〈세 가지 소원〉, 〈당부〉 등이 인기를 얻는다. 이어진 전국 순회 라이브는 대성황을 이뤘다. 4·5집의 성공을 발판으로 드림팩토리라는 녹음실을 만들고 새로운 사업을 시작한다. 신인가수 지누·이소은·하루 등을 발굴해 제작자로서의 성공적인 변신을 한다.

2000년, 공장장 이승환이 자신 음악생활의 모체인 드림팩토리의 음악을 집대성해 3장의 CD에 43곡을 수록한 편집앨범 《Long Live Dreamfactory》2000를 발표해 장장 6개월 여 동안 판매 차트 상위권을 유지한다. 수록된 신곡 중 〈그대가, 그대를〉이라는 히트곡을 배출한다. 이듬해 7집 《Egg》2001에서는 Disc 1.은 Sunny Side-Up / Disc 2.는 Over Easy 등으로 앨범을 이분二分하여 앞 부분에는 발라드를 위시한 팝적인 분위기의 곡들을, 뒷 부분에는 록 위주의 곡들을 수록하는 파격을 보여주기도 한다. 이는 후일 《Serious Day》2002라는 록 음악에 집중한 음반을, 《Monglong》2008이라는 발라드에 집중한 비정규 음반으로 이어진다.

2003년 5월, 탤런트 채림과 깜짝 결혼식을 올린 후 이듬해 8집 《Karma》2004를 발표한다. 십여 년간의 해외 녹음 노하우와 드림팩토리 음악 전문인력들에 대한 자신감에서 비롯된 8집은 그 어느 때보다도 높은 완성도를 이루어 내었다. 현 편곡이 주를 이루는 대곡 지향의 발라드 〈심장병〉의 대중적 포용력 또한 만만치 않았다.

2006년 3월, 이승환·채림 부부의 결별이 공식 확인되었다. 그 해 11월, 9집 《Hwantastic》2006을 발표한다. 〈어떻게 사랑이 그래요〉의 전개와 멜로디, 선율

의 폭, 템포 등은 이승환에게 가장 최적화된 발라드 넘버라고 불리어졌으며, 5집 《Cycle》이후 최고의 역작이라는 성공적인 성과를 보여주었다.

4년 후 작금昨今의 대중음악계에서 다음 앨범을 기약할 수 있다는 보장이 어디에도 없다고 생각한 이 몽상가는 후회 없는 앨범을 만들기 위해 불가능에 가까운 물량을 투입. 궁극의 사운드로 무장한 블록버스터 앨범 10집《Dreamizer》2010을 발표한다. 그가 아니면 감히 동원할 수 없는 월드클래스 해외 엔지니어와 세션, 화려한 객원 뮤지션들과 의기투합하여 다시 한 번 그 음악적 완성도의 한계를 갱신하고자 하는 의욕을 표출하고 있었다. 특히나 가장 빛나는 부분은 소리의 질이 아니라 그 소리들이 빚어내는 감동의 크기에 있었기 때문이다. 타이틀곡 〈반의 반〉을 비롯한 총 13곡의 공들인 사운드와 흔들림 없는 이승환의 보컬 역시 명불허전名不虛傳이었다.

2014년 정규 11집《Fall To Fly 전前》을 공개한다. 세월이 지나도 변해서는 안되는 대중음악 뮤지션의 스탠다드가 무엇인지 보여주고자 하는 그의 의지가 오롯이 투영된 대작이었다. 지난 4년 간 꼬박 2천여 시간의 녹음시간 동안 총 40여 곡

을 작업해 그 중 20여 곡이 추려졌고, 전편과 후편으로 구성된 더블 앨범 중《Fall To Fly 전前》10곡을 공개했다. 대중성과 사운드, 오리지널리티까지 두루 갖춘 케이팝 마스터피스K-Pop Masterpiece의 자격을 갖추었다는 평이 지배적인 앨범이었다.

그리고 2016년 봄, 정규 12집《Fall To Fly 후後》의 웅장한 스케일의 선공개곡 〈10억 광년의 신호〉를 시작으로 얼마전 10월초에 편안하게 다가오는 멜로디 라인과 드라마틱한 구성, 곱씹을수록 안타까움이 선명해지는 시적인 노랫말이 인상적인 두 번째 수록곡 〈그저 다 안녕〉을 순차적으로 공개하며 앞으로 공개될《Fall To Fly 후後》앨범 전체에 대한 기대감을 한껏 끌어올리고 있다.

필시 이승환은 과거의 명성에 기대지 않아도 지금의 음악만으로도 승부 가능한 몇 안되는 뮤지션임은 자명하다. 어린왕자, 감성 발라더, 열혈 록커, 몽상가, 공연의 신, 소셜테이너….

그는 이미 진즉에 아무나 하지 않는 단 한 사람이었다.

Part 5

잊지 못할
순간을
만들어내다

시대의 문화적 아이콘

—

서 태 지

Seo Tai Ji

1972년 서울생인 서태지^{본명} 정현철는 중학교 2학년 때 친구들과 '하늘벽'이라는 스쿨밴드를 만들며 공부와는 담을 쌓고 음악에 심취하기 시작한다. 1986년 서울 북공고 건축과에 입학한 후 음악과 학교생활을 병행하는 것은 맞지않다는 결심으로 부모님을 설득한 끝에 자퇴를 한다.

이후 '활화산'이란 밴드에 잠시 몸을 담았던 그는 신중현이 운영하던 록 카페 우드스탁^{Woodstock}에서 기타리스트 이중산을 만나 베이시스트로 잠시 활동하게 된다. 얼마후 어린 나이에 걸맞지 않은 정확한 리듬감과 섬세함 그리고 음악적 센스 등을 눈여겨 본 '시나위'의 리더 신대철에게 《4집 Four》¹⁹⁹⁰의 녹음 참여 제의를 받게 된다. 1989년 '시나위'에 합류하여 베이시스트로 활약하던 그 때 나이 18세였다.

'시나위'는 그룹의 리더인 신대철을 필두로 임재범 · 김종서 · 서태지 · 김성현 · 손성훈 · 김바다 · 강기영 · 정한종 · 김민기 · 오경환 · 신동현 등 1980년대부터 현재까지 한국 록음악의 중추적 역할을 한 뮤지션들 대다수를 배출한 한국 록음악

의 사관학교이자 한국 록의 영원한 산맥으로 생명력을 이어오고 있다.

이 앨범은 당시 최고의 보컬리스트 김종서의 컴백과 서태지의 참여로 훗날 대중적인 관심이 재집중된 앨범이기도 하다. 80년대 헤비메탈을 마감하는 성격의 4집 활동을 끝으로 '시나위'는 잠정 해체되었고, 이후 서태지도 자신의 길을 적극적으로 모색하게 된다. 1991년, 열 아홉의 서태지^{보컬·작곡가} 이주노 · 양현석^{백보컬·안무}이라는 두 명의 아이들과 함께 팀을 조직한다. 활동기간 5년. 거의 모든 것을 이루어 낸 그들, '서태지와 아이들'이다.

이듬해 발표한 서태지와 아이들 1집 《Seotaiji'N Boys》₁₉₉₂은 180만 장 이상의 판매고를 기록했다. 이는 대한민국 역대 데뷔 앨범 판매 사상 최고치이다. 더불어 당시 가요 순위 프로그램에서 17주간 연속 1위의 기염을 토하며, 앨범 수록곡 전체가 50위 안에 포함되는 진기록을 세운다. 내용적으로는 펑키^{Funky} · 록^{Rock} · 메탈^{Metal} · 소울^{Soul} · 랩^{Rap}에 이르는 전 장르를 총망라한 조화로운 구성과 스래쉬

잊지 못할 순간을 만들어 내다
서태지 / 임재범 / 사랑과 평화 / 이선희 / 전인권

뮤지션을 뛰어넘어 서태지로 자리매김한 지 오래이다.

그가 쟁취한 문화적 헤게모니는

지금까지도 여전히 유효하며 굳건히 유지되고 있다.

이것이 바로 그를 시대의 문화적 아이콘으로

칭하는 타당한 이유일 것이다

메탈^{Thrash Metal} · 테크노 록^{Techno Rock} · 팝^{Pop} 등 모든 음악을 접목시킨 전무후무한 시도와 청자의 귀를 순식간에 휘감는 강렬함과 신선함으로 그들의 음악은 거리의 스피커에서부터 TV · 라디오 공중파에 이르기까지 그 해 여름 내내 넘쳐 흘렀다.

마침내 여름이 끝날 무렵, 서태지는 이미 십대로 대표되는 젊은 세대에게 확고한 위치를 확보하고 있었다. 당시 폭발적인 스케줄로 인해 양질의 공연을 선보이지 못한다고 판단한 서태지는 매니저와의 결별 이후 각종 프로그램 출연을 직접 선별하여 출연한다. 방송사의 출연요청을 거절하는 것 역시 당시로서는 상상도 할 수 없었으나, 대중의 절대적인 인기와 프로정신을 바탕으로 가능했었다. 결국 '요요기획'을 설립해 자신의 매니지먼트를 스스로 장악한다. 더불어 일련의 뮤직비디오 판권 분쟁 등 초상권의 개념을 처음 도입한 것 역시 서태지라는 공인된 사실로 이를 입증했다.

1993년 6월, 하우스 장르와 댄스 비트, 록과 힙합이 조화된 2집 《Seotaiji And Boys II》의 첫 곡으로 록과 랩이 어우러진 강렬한 비트와 속도감 속에 태평소 연주를 얹히는 실험적인 기지^{機智}를 발휘한 서태지 최고의 히트곡 중 하나인 〈하여가 · 何如歌〉를 발표하며, 국내 최초로 200만 장 이상의 더블 밀리언셀러^{Double Million seller}에 등극한다.

그리고 3집 《Seotaiji And Boys III》1994 발매기념 콘서트가 있었던 1994년 8월의 어느날. 하드코어한 기타 리프에 맞추어 뛰어다니며 부르는 〈교실 이데아〉와 〈발해를 꿈꾸며〉의 충격은 실로 대단했다. 이전 앨범들과는 달리 자신들이 대중화시킨 댄스곡이 단 한 곡도 없었고 헤비 메탈적 요소가 두드러지며, 강한 사회적 메시지를 담아 낸 것이었다. 분단과 통일을 다룬 〈발해를 꿈꾸며〉와 교육 현실을 비판하는 〈교실 이데아〉가 큰 주목을 받는다. 특히, 〈교실 이데아〉는 소위 백워드 매스킹 Backward Masking(노래를 거꾸로 들었을 경우 이상한 메시지가 흘러나온다며 의미를 부여하는 행위)을 통해

악마의 목소리가 들린다는 혐의를 얻으며 언론의 집중포화를 맞았고, 방송금지 해프닝까지 벌어진다.

그러나 그럴수록 늘어가는 것은 그의 팬과 150여만 장의 판매고였다. 같은 해 10월에는 안티노스 레코드アンティノスレコード를 통해 일본에도 앨범《ソテジワアイドル》1994을 발표해 양국 컬렉터들의 소리없는 아우성을 만들어 내기도 한다. 이들이 정상의 위치를 점하고 있던 시점인 1995년 즈음 대중음악계는 댄스뮤직과 랩의 시대였다. 이를 두고 서태지의 공과功過를 지적하는 목소리와 지향하는 음악에 비추어 팀내 이주노와 양현석의 위치가 애매하다는 볼멘소리도 차츰 늘어났다.

하지만 그런 모든 우려를 불식시키며 발표한 4집《Seotaiji And Boys IV》1995에서 이들이 내세운 타이틀곡〈Come Back Home〉은 록과는 거리가 먼 싸이프레스 힐Cypress Hill류의 갱스터 힙합이었다. 갱스터 랩을 대한민국 주류 음악계에 최초로 소개한〈Come Back Home〉에서 그들이 보여준 패션과 춤은 순식간에 유행이 되었으며, 200만 장 이상 판매된다.

수록곡 중〈시대유감 · 時代遺憾〉은 공륜한국공연윤리위원회의 사전 심의에서 수정

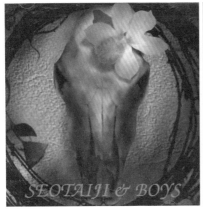
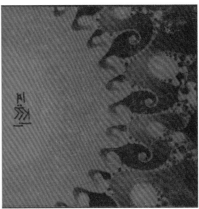

지시에 대한 반발로 가사를 드러내고 연주곡으로 싣는다. 이는 결국 음반의 사전 심의와 사후 처벌을 완전 폐지하는 '음반 및 비디오물에 관한 법률' 수정안으로 관철되는 쾌거로 이어진다. 또한, 립싱크만을 요구하는 TV방송국에 대한 항의의 표현으로 아예 마이크를 소지하지 않은 채 공연하기도 했다.

이듬해 1월 중순, 활동을 돌연 중단한 이들은 1996년 1월 31일, '새로움에 대한 부담과 이에 따른 창작의 고통 그리고 화려할 때 미련없이 떠난다'라는 말을 남기고 그룹 해체와 잠정 은퇴를 선언하며 미국으로 떠난다. 전 사회적인 충격이었다. 잠정 은퇴한 지 2년 후인 1998년, 돌연 첫 번째 솔로 음반《Seo Tai Ji》1998를 발표한다. 얼터너티브 록Alternative Rock 장르가 수록된 6곡 모두 특정 제목이 없는 상태의 노래와 3곡의 간주곡이 담긴 총 28분짜리 보라색 음반이었다. 이 음반을 솔로 1집으로 명명하지 않고 서태지 5집으로 부른다. 발매 후 서태지는 자신의 메시지가 담긴 몇 줄의 이메일과 컴퓨터 영상으로 제작된 M/V 발표 이외에는 아무런 활동을 하지 않았으며, 자신을 둘러싼 논란에 대해 일체의 반응도 하지 않았음에도 100만 장 이상의 판매를 올린다.

2000년 8월. 인터넷 팬사이트를 통해 은퇴 후 4년 7개월만의 컴백을 알렸고, 8월 29일 귀국해 통산 6집《울트라 맨이야》2000를 발매하며 대중 앞에 모습을 드러낸다. 당시 김포공항은 수천 명의 팬들과 매체 · 기자들로 마비상태가 되었으며, 동시대 미국에서 유행하던 뉴 메탈Nu Metal을 시도한 6곡의 노래와 연주곡 3곡이 담긴 6집과 함께 서태지는 방송활동, 투어를 포함한 본격적인 솔로 커리어를 시작한다. 140만 장의 판매고를 기록하면서 통산 음반 판매량 1천만 장을 넘기는 대기록을 세우게 된다. 이듬해 일본 서머 소닉Summer Sonic Festival에 참여한 후 한국에서도 ETP-FESTE Eerie TaiJi People Festival(기괴한 태지 사람들의 축제)라는 대규모 록 페스티벌을 개최한다.

2004년, 작법의 의도에 있어서 대중적 가치를 지니고 있다는 7집《Seotaiji 7th Issue》를 발표한다. 서태지 스스로도 7집 앨범에 담긴 음악의 장르를 '감성코어'로 명명했다. 4년의 공백을 불식시키듯 50만 장 이상의 판매고로, 그 해 최다 음반 판매량을 기록하며 건재함을 과시했다.

2008년 7월, 정규 8집 앨범 발매 이전에 싱글 음반인《8th Atomos Part Moai》2008를 발매와 거의 동시에 선주문으로 10만 장이 소진되는 진기록을 세워 추가로 5만 장을 추가 제작하기도 한다. 이듬해 3월 두 번째 싱글인《8th Atomos Part Secret》2009을 발매해 예약판매 포함 13만 장을 넘어서며, 싱글1과 싱글2를 합친 싱글 음반 판매량이 25만 장을 넘어서는 기록을 추가한다. 이어 7월에 서태지 정규 8집《Seotaiji 8th Atomos》2009가 발매되었으며 10만 장에 가까운 판매량을 기록하며 8집 활동을 마친다.

다음해 국내 가수로는 최초로 공연실황과 후기가 담긴『2008 서태지 심포니』콘서트 영상 유료상영이 2주간 전체 누적관객수 1만 6천여 명을, 뒤를 이어『2009

더 뫼비우스 앙코르』 콘서트 영상을 개봉해 전체 누적관객수 3만 2천여 명을 기록한다. 이후 다양한 공연실황을 HD급 영상물로 발매해 간다. 5년만인 2014년, 서태지의 어른들을 위한 동화적 상상력의 타이틀곡 〈크리스말로윈 · Christmalo. win〉과 아이유와의 콜라보레이션 선공개곡 〈소격동〉을 포함해 총 9트랙을 담은 정규 9집 《Quiet Night》2014을 발매했다. 이번 앨범을 통해 자신의 음악을 스스로 해체함으로써 서태지라는 장르를 다시한번 정의했다. 수록곡 전체에서 일렉트로닉의 장르적 개성과 특징을 리얼 악기로 구현해 낸 연주 테크닉도 놀랍지만, 손수 전곡의 믹싱을 도맡은 서태지의 사운드 디자인 능력 또한 절정에 달한 앨범이다. 특히, 다층적으로 얽혀있는 가사 속 메시지와 동화적 컨셉트 등이 증명하듯 자신의 음악적 의도를 풍성한 사운드와 노랫말로 구현해 낸 80년대 뉴웨이브의 21세기적 재발견이라는 평에 전적으로 동의할 수 밖에 없는 빛나는 결과물이었다.

이렇듯 서태지의 천재성은 모두가 공감하는 사실임엔 틀림없다. 그러나 그를 음악적 잣대로만 평가해서는 안 되는 이유가 있다. 그는 이미 뮤지션을 뛰어넘어 서태지로 자리매김한 지 오래이다. 서태지가 쟁취한 문화적 헤게모니Cultural Hegemony는 지금까지도 여전히 유효하며 굳건히 유지되고 있다. 이것이 바로 그를 시대의 문화적 아이콘Cultural Icon으로 칭하는 타당한 이유일 것이다.

초인超人의 단 하나의 이름!

___

임 재 범

Yim Jae Beum

가창력을 갖춘 신인이 등장할 때마다 늘 그의 이름은 비교 우위의 대상으로 언급된다. 경이로운 보컬과 극강의 감성 그리고 광기, 굴곡과 요철로 가득한 비주류의 삶으로 회자되는 역대 대한민국 대중음악사상 공전절후空前絕後의 보컬리스트 임재범이다.

프로필상 1963년 서울생인 임재범은 사립 중대부속 초등학교를 거쳐 중대부속 중학교와 서울고교를 다녔다. 본인은 1962년생 범띠라고 밝힌 적이 있다. 그의 초·중·고 동창들이 1966년생또는 1967년생이니 임재범은 또래의 친구들보다 4년이나 늦게 입학했다는 이야기이다. 훗날 유명 아나운서 출신인 부친 임택근과 이복동생인 손지창과의 가족사가 화제에 오르고, 임재범이 어린 시절 고아원에서 지낸 사실이 알려지며, 그에 대한 관심이 뜨거워지기도 했다. 그러나 유년 시절의 상처나 그늘을 느꼈던 기억을 갖고 있는 친구들은 거의 없었을 만큼 쾌활하고 반듯한 학생이었다.

　중3 때 이미 키가 180cm 가까이 되어 교내 제식 훈련을 지휘하는 학생 연대장과 규율반으로 활동하기도 한다. 친한 친구들에게는 배한성^{성우}·이대근^{배우}의 성대모사와 가수들 모창을 들려주곤 했다. 이 무렵부터 가수의 꿈을 키우기 시작한다. 서울고 진학 후 본격적으로 노래를 시작했다.

　파워풀한 중음역대에 비해 약한 고음역대를 강화하기 위해 두음과 비음을 연마한다. 당시 그의 보컬에 영향을 준 뮤지션으로 데이비드 커버데일^{David Coverdale}에게서 소울을, 로니 제임스 디오^{Ronnie James Dio}에게서 중저음을, 그레이엄 보넷^{Graham Bonnet}에게서 보컬 테크닉을 배웠다고 했다. 당시 서울고 교내 서클밴드 「센세이션」을 이끌던 신대철은 임재범의 존재를 알게 되었지만, 조우는 없었다.

　이후 1983년 동창인 신대철은 재학 중 안준섭^{베이스}·김정휴^{드럼}·주준석^{보컬}과 국내 최초의 헤비메탈^{Heavy Metal} 밴드 「시나위」를 결성한다. 신대철을 제외한 나머지 멤버들은 모두 20대였지만 밴드의 리더는 고교생 신대철이었다. 고교 재학시

불발된 그 둘의 운명적인 만남은 1985년, 신중현에 의해 건립된 국내 최초의 록 전문 공연장인 이태원 록 월드Rock World에서 이뤄진다. 공연 준비를 위해 대기실에서 하드록 밴드 레인보우Rainbow의 〈레인보우 아이즈Rainbow Eyes〉로 기타 튜닝을 하던 신대철의 기타에 맞춰 노래를 부른 고교동창 임재범에게 「시나위」 영입을 제안한 것이다. 당시는 세계적 헤비메탈 유행 속에서 한국적인 록이 익어가던 시절이었다. 그 해 임재범은 「시나위」에서 노래를 시작한다.

마침내 1986년, 국내 헤비메탈의 시조 「시나위」의 데뷔앨범 《Heavy Metal Sinawe》1986가 발매된다. 국내 헤비메탈 그룹의 존재를 언더그라운드가 아닌 메인스트림mainstream에 선포하는 기념비적인 음반임과 동시에 첫 창작 헤비메탈 음반이었다. 1집 발매에 이르기까지 초대보컬 고故 주준석에 이어 김종서 · 이병문 · 임재범에 걸친 홍역을 치룬 후에야 발매된 이 앨범의 초반에는 〈크게 라디오를 켜고〉, 〈남사당패〉, 〈젊음의 록큰롤〉 등 3곡의 보컬이 임재범이 아닌 이병문에 의해 녹음되었다. 이후 임재범으로 재녹음된 것이 익히 알려져 있고, 이병문 버전은 매우 희귀하다.

수록곡 총 9곡 중 〈크게 라디오를 켜고〉와 〈그대앞에 난 촛불이어라〉가 록 매니아들에게 절대적인 지지를 모으며, 이례적으로 10만여 장의 판매고를 기록한다. 특히, 제대 후 「시나위」 합류 약속을 지키지 못한 채, 군대에서 불의의 사고로 세상을 떠난 초대보컬 고故 주준석에게 바치는 〈그대앞에 난 촛불이어라〉가 특별한 사랑을 받았다. 하지만 곧 단기사병으로 입대하게 되고 「시나위」의 프론트맨Frontman 자리는 김종서에게 넘겨준다.

1987년, 「부활」의 기타리스트 이지웅, 「다섯손가락」 출신 베이시스트 박문일과 파워 드러머 손경호, 당시 스무살 약관弱冠의 기타리스트 손무현이 의기투합해

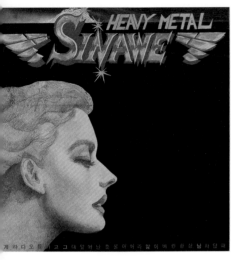

슈퍼밴드 「외인부대」를 결성한다. 1집 《FL 외인부대》1988를 발매하고 〈쥴리Julie〉란 곡이 큰 인기를 모은다. 임재범과 손무현의 탈퇴 이후 발매된 2집의 실패로 인해 밴드는 해체한다.

1989년 당대를 풍미하던 여러 록 밴드가 모인 프로젝트 앨범 《Rock in Korea》1989에 기타리스트 김도균과 짝을 이뤄 〈Rock in Korea〉와 〈Same Old Story〉 두 곡을 올린다. 특히 〈Same Old Story〉는 임재범의 최전성기 시절 목소리가 담긴 명곡으로 꼽힌다. 완전히 틀이 잡힌 육중한 샤우트 창법은 야수가 울부짖는 것처럼 카랑카랑하고 힘이 넘쳤다.

이후 김도균이 영국으로 음악여행을 떠나면서 임재범도 합류한다. 영국인 연주자 2명과 함께 '사랑Salang'이라는 밴드를 구성해 6개월 정도 활동하며 BBC-TV에도 출연한다. 국내에 돌아온 임재범과 김도균은 김영진베이스 · 유상원드럼과 함께 '아시아나'를 결성해 국내 메틀 역사상 가장 괄목할 만한 드림팀을 창조해 활동한다. 슈퍼세션을 담은 수준높은 연주와 영국에서 레코딩한 단 1장의 명반 《Out

On The Street》1990만을 남긴다. 이후, 김도균은 3인조 라인업으로 '백두산'을 재결성했고, 임재범은 솔로가수로 전향하여 대중적인 인기를 누리게 된다. 훗날 임재범은 "사실 음악에 진짜 빠져 있었던 건 '아시아나' 시절이 끝이었다."라고 고백한 바 있다.

1991년 솔로 1집《On The Turning Away》1991를 발매 후 〈이 밤이 지나면〉의 빅히트로 공식집계로만 60만 장이 넘는 판매고를 기록한다. 그러나 임재범은 당시 라디오를 진행하다가 사라지는 등 기행奇行과 사생활 문제로 수차례 논란을 빚었다. 1993년에는 대마초 흡연 등으로 방송 출연 규제를 받기에 이른다. 은둔과 칩거 생활을 반복한 지 4년여 만에 두 번째 앨범《Yim Jae Beum II》1997을 발표하지만 대중들은 철저히 외면했다.

당시 박정현이 1집을 준비하면서, 임재범 2집에 수록된 〈사랑보다 깊은 상처〉를 듀엣으로 녹음해 재수록하며 인기를 얻었고 이내 통신사 CF배경음악으로 삽입되면서, 정작 가수의 행방은 묘연한 가운데 노래는 폭발적인 인기를 모았다. 타이틀곡 〈비상〉과 함께 지금까지도 많은 이들이 애정하는 곡이기도 하다.

이듬해 임재범 앨범 가운데 가장 수작이라고 평가되는 3집 《im jae bum Ⅲ》 1998을 발표한다. 하드록으로의 귀환으로 앨범 전체 컨셉을 잡고 전곡 작곡에 참여 했으며, 박정현이 영어 작사를 도우며 코러스로 참여한다. 12곡의 수록곡들은 그의 출신 성분이 어디인지를 역력히 피력했다. 휘몰아치는 임재범의 보컬과 세션들의 박진감 넘치는 연주, 매끄러운 레코딩까지 그야말로 3박자가 고루 갖추어진 수작이었다. 발매 후 바로 잠적했으며, 평단의 극찬과는 달리 상업적인 반응은 냉담했다. 타이틀곡 〈고해〉만이 소리없이 뒤늦은 인기를 얻어 지금까지도 남자들의 부동의 애창곡으로 자리매김한다.

1998년 5월부터 시작한 그의 4집 앨범 작업은 작사 · 작곡 · 편곡자들과의 수없는 미팅과 토론, 수정작업, 탑 레벨의 세션을 위한 스케줄링 그리고 본인의 음악적 고뇌 등 오랜 진통 끝에 2000년 5월에야 결실을 맺을 수 있었다. 신재홍 · 채정은 · 샘 리 · 이근형 · 임보경 · 이승환 · 나원주 등의 참여로 그 어느 앨범보다 더 내용과 구성면에서 완성도를 높였다. 드디어 솔로 4집 《Story Of Two Years》 2000을 발표한다. 여전히 홍보활동은 전무했으나 타이틀곡 〈너를 위해〉가 영화 〈동감 김정권 감독〉 2000의 주제가로 사용되며 엄청난 인기몰이를 하며, 70여만 장의 판매고를 올린다.

같은 해, 임재범 14년여간의 음악 여정을 총정리해 히트곡 19곡을 재편곡 · 재녹음한 두 장의 베스트 앨범 《Memories》 2000로 음반시장을 뜨겁게 달군다. 이듬해 10살 연하의 뮤지컬 배우 송남영과 2년여 간의 열애 끝에 결혼하고 아이를 낳았다. 2004년, 다시 앨범 전곡의 작업과정에 참여하며 기존 그의 음악에서는 볼수 없었던 다양한 악기편성과 재즈 · 보사노바 · 뉴에이지 등의 장르를 어프로치한,

YIM JAE BEUM
To...

여유와 관록이 감지되는 5집 《Coexistence^{공존}》2004을 내고, 10월 30일 올림픽 체조경기장에서 데뷔 후 15년만에 첫 단독 콘서트를 열었다. 실로 무대를 호령하는 군주였고, 그의 사자후獅子吼는 강렬한 사운드에 한 치도 밀리지 않았다. 첫 콘서트의 감동을 담은 《Live & Life》2005를 이듬해 발표한 후 간헐적으로 디지털싱글 발매와 드라마 OST 삽입곡을 통해 존재감과 위상을 공고히 해왔다.

2011년, 임재범 음악생활 20여년 만에 처음 출연하는 MBC-TV『나는 가수다』에서 〈너를 위해〉, 〈빈 잔〉, 〈여러분〉 단 세 번의 공연을 통해 "야수가 부르는 처절한 희망의 찬가"라는 이젠 너무 유명해진 평가와 함께, 사회적 신드롬syndrome을 일으킨다.

같은 해 9월, 임재범과 뮤직 패밀리들이 미국을 횡단하며 음악을 만드는 과정을 보여주고, 공연을 통해 한국 음악을 소개하는 로드 뮤직 버라이어티 프로그램 『바람에 실려』를 통해 주제곡인 〈Saddle the Wind〉를 비롯 〈얼굴〉, 〈Desperado〉, 〈Soldier of Fortune〉, 〈이름 모를 소녀〉 등의 음원을 공개한다.

더불어 정규 5집 《Coexistence^{공존}》이후 7년만에 리메이크 앨범 《풀이Free》2011을 발표한다. 한 장의 CD에는 그가 부르고 싶었던 노래라는 부제로 김정호·남진·윤복희·임창제·양희은 등 선배가수들의 역작을 그만의 색깔로 편곡해 수록했고, 또 한 장의 CD에는 그가 사랑하는 노래라는 부제로 딥 퍼플Deep Purple·이글스Eagles·유라이어 힙Uriah Heep·엘튼 존Elton John·스팅Sting·스티비 원더Stevie Wonder 등 세대를 초월해 전세계인들의 사랑을 받은 뮤지션들의 곡들을 오롯이 임재범만의 감성으로 채웠다.

이듬해 6집 《To...》2012를 발표한다. 김형석의 프로듀싱으로 부드러운 피아노 선율과 서정적이면서도 힘있는 오케스트레이션이 절묘하게 어우러진 타이틀곡

〈이 또한 지나가리라〉를 비롯해 펑키한 사운드와 임재범 특유의 걸쭉한 보이스가 어우러져 마치 80년대 뉴욕의 라이브 하우스에 온 듯한 느낌의 곡 〈Dream of Vision〉 등 총 수록곡 12곡 중 11곡의 신곡으로 수놓아진 역작이었다.

이후 오랜 침묵을 걷어내고 2015년 10월, 《After The Sunset : White Night》2015을 발표한다. 음악인생 최초 록 넘버 11곡을 임재범만의 극강의 감성으로 리메이크했다. 더불어 데뷔 30주년 기념 앨범에 걸맞게 윤도현 · 박완규 · 소향 · 김태우 · 이홍기 · 은가은 · 김신의롱나 · 앤 · 태연 · 다운헬 등 정상급 후배 뮤지션들이 참여한 헌정곡들로 채워졌다. 마치 과거의 색깔을 간직하면서도 앞으로 나아가야 할 방향을 제시하고 있는 듯 했다.

맞수를 찾기 어려울 정도로 위력적인 보컬 카리스마를 거쳐, 이제는 가슴에 담아 부르는 노래로 우리들을 녁다운knock down시킨 초인超人의 단 하나의 '이름'은 임재범이었다.

최장수 록 명가의 전통

사랑과평화

Love and Peace

해방 이후 서구의 물결이 본격적으로 한국에 들어오면서 대중가요도 서양에서 유행한 음악의 영향을 받게 된다. 트로트라는 엔카풍^{演歌風}의 노래들이 서민들에게 대표적인 유행가로 지금까지 그 생명력을 유지하고 있지만, 서구의 대표적 장르인 록 음악은 60년대와 70년대 미8군이라는 무대를 통해 유행에 민감한 젊은이들과 대중들 사이에 점차 어필해가고 있었다.

'신중현'과 '히식스^{He6}' 등 스타들이 나타나고 히트곡도 점점 늘어 갔지만, 본격적인 록 그룹의 열풍으로 80년대 한국 록의 붐을 일으킨 주인공으로는 다름아닌 '사랑과 평화'가 당당하게 자리하고 있었다. 미8군 무대 최고의 프로 뮤지션들이 모여 결성된 '사랑과 평화'는 당시로서는 상상도 할 수 없었던 연주와 편곡, 그리고 팀웍으로 한국 록에 35년이 넘도록 영향을 끼치는 슈퍼그룹으로서 흔들리지 않는 위상과 매니아들을 확보하고 있다.

1970년대 중반 대중음악계에는 프로 뮤지션들이 한 순간에 사라진 시절이 있었다. 소위 대마초 파동으로 빚어진 무주공산^{無主空山} 시대의 빈자리를 캠퍼스 밴

드들이 메우며 가요계를 지배했었다. 풋풋했지만 설익은 아마추어리즘amateurism
의 아우성 속에서 프로뮤지션의 진면모를 보여준 밴드가 있었으니 바로 '사랑과
평화'다.

  미8군 무대 오디션 사상 최고 등급인 '스페셜 더블 A' 프로 연주가들로 결성된
이들의 등장은 그 자체로 충격파를 날렸다. 흑인음악 특유의 리듬감은 당대 젊은
세대의 어깨를 들썩이게 했고 클래식에 록을 접목한 흥미로운 음악실험은 당대 대
중의 뜨거운 찬반 논쟁까지 불러왔다. 최이철기타, 김명곤키보드, 이남이베이스, 이근수
키보드, 김태홍드럼, 이철호보컬. 이들이 창단라인업이었다. 특히, 이들은 당시 한국에
서 연주하기 힘든 펑키funky라는 장르의 연주에 능해 미8군 무대 흑인들 사이에서
는 폭발적인 인기를 누렸다.

  미8군 무대는 연주자의 실력에 따라 등급을 메겨 게런티와 무대도 차별화하
여 세웠는데 미8군 역사상 최고 등급인 '스페셜 더블 A'를 받은 한국 밴드는 '사랑

잊지 못할 순간을 만들어 내다
서태지 / 임재범 / 사랑과 평화 / 이선희 / 전인권

과 평화' 밖에 없었다는 사실이 이들의 연주가 얼마나 뛰어났던 것인가를 단적으로 증명해 준다. '사랑과 평화'의 35년 밴드 역사에 아롱 새겨진 리드기타 겸 보컬 최이철과 신디사이저 김명곤은 한국 대중음악사에 기록된 탁월한 뮤지션들이다.

1974년 결성된 밴드 '서울나그네'의 멤버들이 주축이 된 '사랑과 평화'는 "사람들에게 음악으로 사랑과 평화를 주자"는 이남이의 제안이 공감대를 형성해 '사랑과 평화'로 팀명이 결정되었다. 한국 대중음악 100대 명반에도 이름을 올린 1집《한동안 뜸 했었지》1978 앨범은 슈퍼 록 밴드의 탄생을 알린 팡파르였다. 걸작으로 평가 받는 흥겨운 디스코 풍의〈장미〉가 빅 히트를 터트린 2집《뭐라고 딱꼬집어 얘기할 수 없어요》1979 땐 교통사고로 사망한 드럼 김태홍 대신 최경희가 합류하면서 2기 체재로 재편되었다.

비정규앨범《DISCO》1979와 연주앨범을 내며 활동을 이어간 '사랑과 평화'는 1980년 8월 리더 최이철과 밴드의 쌍두마차인 김명곤과의 음악적 불협화음이 빚어지고 급기야 대마초로 구속되면서 공백기를 맞았다. 3년 후 밴드 재정비에 나선 최이철은 '검은 나비'의 보컬 유현상을 픽업해 비정규 앨범《넋나래》1982를 발표했지만 과거의 영화를 재현하진 못했다. 특유의 펑키 향내가 빠져버린 범작이었기 때문이다.

이후 1988년 3기 멤버들이 참여한 3집이 발표될 때까지 김광민, 정원영, 문영배 등 무수한 멤버들이 밴드를 거치는 소모적 활동이 이어졌다. 하지만 이들 김광민, 정원영, 문영배는 각자 작곡과 세션, 편곡 등으로 머지않아 80·90년대 대중음악을 이끌어 가는 거목으로 성장한다. '조용필과 위대한 탄생'과 몇몇 재즈 팀에서 활동하던 최이철은 '사랑과 평화'에서 했던 음악과 지금은 퓨전 재즈Fusion-Jazz라고 하지만 당시엔 재즈 록Jazz Rock이라 불렸던 실험적이고 색다른 음악을 하고픈 열망에 이남이를 찾게 되었고, 당시 세션계의 촉망 받던 젊은 연주인들을 가세시켜 라인업을 구축한다.

1988년 1월에 발표된 3집《사랑과 평화 3집》1988은 1집 녹음 후 대마초 파동에 연루되어 타의에 의해 밴드를 떠나 용인에서 농사를 짓던 이남이가 재 합류한 시대의 역작이다. 당시 이남이 외에도 드러머 이병일과 최태일, 한정호 등이 새롭게 합류하며 '사랑과 평화'의 팀 분위기를 일신했었다. 최이철이 창작한 타이틀곡〈노래는 숲에 흐르고〉를 포함 총 10곡이 수록된 이 앨범 수록곡들 대부분은 과거 '사랑과 평화'의 재기발랄한 리듬터치와 실험적 음악성과는 다른 질감인 삶을 관조하는 느릿한 분위기가 지배하고 있었다. 그러나 벙거지를 눌러쓰고 단 한곡을 부른 이남이의〈울고 싶어라〉의 대중적 파급력은 엄청 났다. 발매 2개월 만에 7만장 이상이 팔려나가는 대박행진을 벌였다.

당시 1988년은 서울올림픽과 청문회로 온 나라가 들끓었던 해였다. 5공 청문회라는 시국 상황과 화학작용하며 대중들에게 묘한 카타르시스를 안겨주었던 이남이의〈울고 싶어라〉는 전국의 길거리를 온통〈울고 싶어라〉로 도배를 하는 진풍경이 연출되었다. 생각지도 않았던 이남이의 인기와 팀의 탈퇴로 휘청거리던 '사랑과 평화'는 '김현식과 봄여름가을겨울'의 재능 넘치는 젊은 키보드 주자 박성식과 베이스와 보컬을 맡았던 장기호를 영입했다.

펑키에서 퓨전 재즈밴드로 팀 컬러를 일신한 '사랑과 평화'는 1989년 4월,《사랑과 평화 4집》을 발표했다. 밴드의 체질개선을 단행한 4집은 사실상 신입멤버 장기호와 박성식이 주도했다. 총 9곡의 수록곡 중 리더 최이철은 타이틀곡〈바람 불어〉와 하덕규가 작사한〈4월이 잠든 꽃밭〉2곡을 작곡해 노래했을 뿐이고, 나머지 곡은 거의 다 장기호와 박성식의 창작곡이었다. 보컬 또한 장기호가 담당했었기에 필연적으로 앨범의 분위기는 기존 '사랑과 평화'의 음악질감과는 확연하게 차별되었다. 이 앨범의 화두는 단연〈샴푸의 요정〉이다. '빛과 소금'의 히트곡으로 알려진 장기호의 창작곡 〈샴푸의 요정〉은 이 앨범을 통해 가장 먼저 발표되었다. 이 노래는 퓨전 재즈풍의 경쾌한 리듬 속에 자본주의의 허상을 쫓느라 황폐해진 현대인의 고독과 자본의 위력을 날카롭게 묘파描破한 가사를 대입시켜 당대 젊은 층의 히트넘버로 기록되었다. 1988년 말에 방영된 공중파 TV드라마 〈베스트극장〉의 주제곡으로, 후에 이승철과 김진표가 리메이크해 더욱 널리 알려졌다.

새로운 멤버의 영입으로 활력을 되찾은 밴드는 사물놀이와 록을 퓨전한 〈덩더쿵〉이란 곡을 들고 '환태평양 락 오사카 음악제'에서 일본 관계자들로부터 격찬을 받았고, 경주 엑스포 특별 무대 등을 통해 최고의 그룹으로서 변함없는 연주를 보여주었다. 하지만 1990년 신입멤버 박성식과 장기호가 기타리스트 한경훈과 함께 트리오 '빛과 소금'을 결성해 탈퇴하고 말았다.

이후 댄스가요가 주류가 된 가요계에서 《사랑과 평화 5집》1992과 6집 《Acoustic Funky》1995를 발표한다. 이때 이들은 클럽 연주와 후배 가수 김종서의 라이브 세션, 정동극장 장기 콘서트, 라이브 소극장 콘서트 등 매니아들을 위한 직접적

인 만남을 쉬지않고 시도했던 시기였다. 이윽고 1999년 리더 최이철과 키보드 안정현이 팀을 떠나는 대형사고를 거치며 '사랑과 평화'는 끝임 없이 멤버교체의 내홍內訌을 겪는다.

이후 결성 당시의 원년 멤버였지만 잇따른 불운으로 앨범에 참여하지 못하고 아웃사이더로 남아있었던 소울 보컬리스트 이철호가 주축이 되어 7집《Love & Peace : The Endless Legend》2003과 8집《Life & People》2007을 발표했다. 그리고는 2014년 긴 진통 끝에 9집《No.9 ReBirth》로 돌아왔다.

국내 최장수 록그룹으로 명가名家의 전통을 이어가고 있는 '사랑과 평화'는 자의던 타의던 록 음악을 하는 많은 후배들에게 최고참 그룹으로서 본보기와 정신적 버팀목이 되어주고 있음은 자명하다. '한동안 뜸했었던' 결성 39년 차 '사랑과 평화'의 부활ReBirth이 다시금 활발해지길ReBorn '작은손 모두어' 열망해본다.

거부할 수 없는
반추反芻의 미학
ㅡ
이선희

Lee Sun Hee

최근 자주 회자膾炙되는 단어 중에 걸 크러쉬Girl Crush라는 말이 있다. 소녀Girl와 '반하다'는 뜻의 크러시 온Crush On을 합성한 말로 여성이 동성同姓에게 느끼는, 성적인 감정이 수반되지 않은 강한 호감이라고 정의한다. 이렇듯 걸 크러시의 매력에 빠져서일까. 최근 음원차트 상위권 및 장기 랭크Rank 여가수만 무려 1백여명에 달한다.2016년 9월 기준 더불어 배구의 김연경, 태권도의 오혜리, 골프의 박인비 등은 리우 올림픽을 통해 걸 크러쉬 붐Boom의 한복판에 서있었다.

우리 대중음악 걸 크러시의 원조는 이선희다. 불교 음악 범패梵唄의 전수자인 아버지를 둔 이선희는 어릴 때부터 높은 키key로 가수의 재질을 보였다. 그녀는 고3 때 장욱조 음악실에 들러 목청을 가다듬으면서 가수로서의 첫 입지를 다졌다. 대학 1년 때 '4막5장'이라는 교내 음악 서클에 들어가면서 아버지가 반대하던 노래를 맘껏 부를 수 있게 됐던 그녀는 강변가요제에 출전하는 모험을 감행한다.

1984년 여름, 강변가요제에 파마 머리의 뿔테 안경을 쓴 소녀가 등장한다. 임성균과 함께 '4막5장'이라는 혼성 듀엣으로 참가한 그녀는 작은 체구에 어울리지 않는 폭발적인 가창력으로 대상을 거머쥔다. 수상곡은 〈J에게〉였다. 그 날을 기점으로 가요계의 인기 판도는 격랑激浪 속으로 휩쓸려 들어갔다. 임성균의 군입대로 인해 솔로로 본격 활동에 나선 이선희의 인기는 상상을 초월했다.

당시 타 방송사에서 데뷔한 가수는 다른 방송사에 출연하지 못했던 관례를 깨고 —이선희는 MBC 강변가요제 출신이었음에도 불구하고— 〈J에게〉는 KBS 가요톱텐에서 5주 연속 1위를 차지하는 등 절대적인 인기를 얻으며 1984년 최고의 히트곡이 되었고, 연말 KBS 가요대상과 MBC 10대 가수가요제의 신인상 역시 당연히 이선희의 차지가 되었다. 당시 가요계의 두터운 팬층이 여자 중고생들이었기에 인기의 대부분을 독차지하던 남자가수 전성시대에, 치마를 절대 입지 않으며, 마이크를 잡으면 상상할 수 없는 고음을 자연스럽게 소화해 내는 디바Diva의 출현은 가요계는 물론, 남자가수에만 빠져있는 여학교에도 신선한 바람으로 등장한다.

이렇게 이선희는 마치 당시엔 찾아보기 힘들었던, 여학교에서 인기많은 남자같은 여학생처럼 수많은 여학생 팬을 대동하는 걸 크러쉬Girl Crush의 아이콘으로 폭발적인 인기를 누렸다. 조용필의 오빠 부대를 위협했던 언니 부대. 어린 여중고생들이 공연장에서 오빠 대신 언니를 외치게 만들었던 장본인. 당시 언니 부대의 규모가 어마어마해, 이선희 회사에서 돈을 주고 사람을 동원했다는 유언비어마저 떠돌 정도로 언니 부대의 화력은 엄청났다.

〈J에게〉 단 한곡으로 1984년을 자신의 해로 만들어버린 《이선희 1집》은 이듬해인 1985년 초에 나왔다. 여기서 〈아! 옛날이여〉, 〈갈등〉, 〈소녀의 기도〉 등이 연달아 히트하면서 그녀는 자신의 인기가 〈J에게〉의 일회성으로 끝나지 않을 것임을 입증했다. 그 해가 가기 전에 다시 내놓은 2집 《이선희 Vol.2》1985에서는 〈갈바람〉, 〈괜찮아〉, 〈그래요 잘못은 내게 있어요〉 등의 히트곡이 계속해서 나왔고, 1986년

나온 《이선희 3집》에서도 〈알고 싶어요〉, 〈어둠은 걷히고〉, 〈영〉 등이 많은 사랑을
받았다.

골든 디스크 5연패를 비롯해 국내에 있는 모든 부문의 상을 모조리 다 수상
하는 진기록을 세우기도 한다. 이후 《이선희 4집》1988은 이선희의 디스코그래피에
서 상당히 중요한 위치를 점한다. 여기서부터 그녀의 음악이 의미 있는 변곡점變
曲點을 맞이했기 때문이다. 그 변화의 단초를 설명하는 이름 하나가 있다. 바로 송
시현이다.

1987년 〈꿈결같은 세상〉의 히트로 이름을 알린 싱어송라이터 송시현은 이 때
부터 이선희의 앨범작업에 참여하기 시작한다. 4집에서 A면 타이틀곡 〈사랑이 지
는 이 자리〉와 B면 타이틀곡 〈나 항상 그대를〉를 포함해 모두 4곡이 그의 작품이
다. 둘의 만남은 성공적이었다. 송시현 특유의 감수성과 서정성은 이선희의 목소리
와 잘 어우러졌고, 이후에도 그는 한동안 이선희와 함께 하게 된다.

이듬해 《이선희 5집》1989에서 이선희는 또 진일보進一步한 면모를 보여주었다.
앨범 곳곳에 사회성 짙은 곡들을 배치한 것이다. 〈오월의 햇살〉은 1980년 광주민

잊지 못할 순간을 만들어 내다
서태지 / 임재범 / 사랑과 평화 / 이선희 / 전인권

주화운동 희생자들의 영령을 위로하는 곡이었고, 〈한바탕 웃음으로〉 역시 시대
적 아픔이 배어있는 곡이었다. 직설적이지는 않았으나 가사 속에 은유적으로 감추
어진 메시지들은 여느 민중가요 못지 않게 깊고 아련한 것이었다. 역시 송시현은 4
집에 이어 5집에서도 중추적인 역할을 하고 있다. 앨범의 대표곡인 〈한바탕 웃음
으로〉와 〈겨울애상〉이 바로 그가 만든 곡이다.

같은 해 초콜릿 CF로 최고의 인기를 구가하던 고^故 장국영^{Leslie Cheung}이 첫 내한
한다. 장국영은 이선희와 〈J에게〉를 듀엣으로 열창하며, 듀엣 콘서트를 열었다. 그
인연으로 장국영은 훗날 이선희를 홍콩으로 초청하는 남다른 친분을 과시하기도
한다. 이 시기에 홍콩 BMG 레코드를 통해 《It's Original Songs》라는 앨범에 〈J에
게〉를 수록 발표하고, 영어로 자신의 히트곡을 번안하여 부른 《Where The Love
Falls…》₁₉₈₉ 등의 앨범도 발표한다.

1990년 6집 《이선희 VI》₁₉₉₀에서는 〈추억의 책장을 넘기면〉이 사랑을 받았고,
《떠나는 자만이 사랑을 꿈꿀 수 있다》라는 자작시^{自作詩} 낭송집과 캐나다 몬트리
올 챔버 오케스트라와 세종문화회관에서 협연 한 후의 실황앨범 《Lee Sun Hee

& Montreal Chamber Orchestra》1990을 발표한다. 7집 《추억속을 걷네》1991 앨범 작업 중 서울시 시의회 시의원으로 당선되었고, 1992년 1월 매니저였던 고故 윤희중과 갑작스러운 결혼을 발표한다. 그 후 호모드라마티쿠스 김영동의 국악적인 요소를 듬뿍 담은 8집 《李仙姬 八》1992을, 1993년에는 임신 중에서도 《이선희애창동요》를, 출산 이후에는 9집 《이선희 9》1994을, 그리고 대부분의 곡을 스스로 작사·작곡한 앨범 10집 《First Love》1996를 꾸준히 선보이면서, 이전의 언니부대를 몰고 다니는 인기는 아니었지만 그만큼 이전과는 다른 성숙된 노래를 선보이기 시작한다.

이는 판매고나 인기에 영합하지 않는 듯한 음악적 변화를 보여주었다. 인기전선에서 물러나 있던, 1998년 붉어져 나온 그녀의 이혼설이 사실로 확인되면서 대중들의 적지않은 타경打驚이 있었지만, 주위의 구설수와는 상관없이 열한번째 앨범 《Dream Of Ruby》1998을 발표하며 자신의 음악생활엔 변화가 없음을 팬들에게 증명했다. 80년대와는 비교할 수 없는 인기하락과 신곡 뮤직비디오 촬영현장에서 심한 부상을 당하는 등의 악재 속에서도 그녀의 노력은 계속되었다.

11집 이후 3년만에 발표한 12집 《E Sunhee my life + best》2001에서 자자곡 〈이별小曲〉과 박진영의 〈살아가다보면〉, 유영석의 〈이 노래를 빌려서〉, 김종서의 〈아마〉 등 11곡의 신곡과 베스트 16곡을 담아 새로운 활동의 서막을 알렸다. 2005년 '사십대에 맞이하는 봄'의 의미를 은연중에 담고 있는 13집 《사춘기四春期》는 이선희 자작곡인 〈인연〉을 비롯해 9곡의 신곡과 20주년 라이브 콘서트 실황 17곡을 담았다. 10집부터 시작된 싱어송라이터의 면모가 완숙의 단계에 접어들었음을 의미하는 진정한 걸작이란 평을 받았다.

90년대 이후, 7집부터 시작된 어쩔 수 없는 대중적 반응의 퇴조에도 불구하고 이선희는 견인주의적인 자세로 자신의 음악적 내용을 집요하게 발전시킨다. 그런 내적 진화의 첫 번째 비등점沸騰點이라고 부르기에 손색이 없었다. 2006년 말 재혼한 뒤 미국으로 건너가 2년 여의 공백기와 음악공부를 거친 후 2009년, 데뷔 25주년을 맞아 새로운 음악적 감성 10곡을 업그레이드된 자작곡으로 채운 14집 《사랑아…》를 발표하고 활동을 재개했다.

5년 후 정규 15집 앨범인 동시에 데뷔 30주년 기념 스페셜 앨범 《세렌디피티 Serendipity》2014를 통해 여왕의 귀환을 알렸다. 그녀의 음악적 역량이 최고로 발휘된 이번 앨범 역시 11곡 중 9곡이 자작곡이다. 〈그 중에 그대를 만나〉 등 더욱 원숙하고 깊이 있는 음악과 한없이 섬세하고 감성적인 보컬을 선보이며, 오직 이선희만이 낼 수 있는 감성을 담아 내었다.

우연을 통해 운명을 만난다는 세렌디피티의 뜻처럼, 음악을 만나 노래를 운명처럼 여기고 살아온 33년차 우리 시대의 명가수 이선희. 어떤 음악에서도 빛이 나는 그녀의 소리와 표현은 거부할 수 없는 반추反芻의 미학美學이리라.

1984 30TH 2014

30th
ANNIVERSARY
ALBUM

四春期
13th
LEE SUNHEE

LEESUNHEE~15TH

시대의 비명悲鳴에 응답하다

전 인 권

Jeon In Kwon

2016년 11월 19일 광화문, 세계에서 가장 폼나는 촛불집회의 현장에서는 일상을 빼앗기고, 길가에 버려진 60여 만 명의 제창齊唱으로 아무 걱정하지 말라고, 우리 아픈 기억들 모두 가슴 깊이 묻어 버리자고, 켜켜이 쌓인 상처와 분노를 노래로, 그렇게 서로를 다독여 주고 있었다. 이렇듯 시대의 비명悲鳴에 응답하는 이는 바로 전인권이었다.

앞서 일주일 전에는 상처받고 분노한 대한민국 국민 모두를 위로하고자 이승환·이효리와 함께 부른 〈길가에 버려지다〉란 곡을 무료로 공개하기도 했다. 32년 전 발표한 《들국화 1집》1985으로 대한민국 대중음악 르네상스기를 견인牽引한 '들국화'의 핵심 전인권. 그의 보컬은 마음에 한번 착색되면 지우지 못하는 그런 마력을 지니고 있는 듯 하다. 지금까지도 여전히 말이다.

1954년 서울생인 그는 인쇄소를 경영하던 유복한 집안의 삼형제 중 막내로 자랐다. 부친의 분가와 큰 형의 가출로 어머니와 작은 형과 함께 학창시절을 보낸다.

잊지 못할 순간을 만들어 내다

서태지 / 임재범 / 사랑과 평화 / 이선희 / 전인권

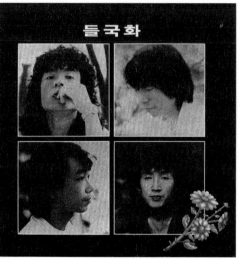

외로움을 많이 탔던 그는 친구들과 어울려 놀다가도 끝까지 그 자리를 떠나지 못하고 해지는 석양을 바라보다 밤이 되어서야 집으로 돌아오는 날이 많았다. 공부보다는 그림 그리는 것을 좋아했던 전인권은 명지고 1학년 때 학교 규율부 학생들과 싸움 후 그 길로 자퇴를 한다. 스케치북과 색연필, 라디오를 들고 만리포 바닷가로 향한 그는 비틀즈The Beatles의 〈Hey Jude〉와 존 레논John Lennon의 〈Imagine〉을 듣고 영감을 받아 이후 18세가 되던 해 음악을 결심한다. 영문과에 다니던 작은 형 덕분에 팝송을 많이 접했던 전인권은 레드 제플린Led Zeppelin과 비지스Bee Gees의 음악을 즐겨 들었다. 집 근처인 삼청공원에서 기타를 치며 노래를 부르다 입소문을 타기 시작하면서 팬이 생기기 시작했다.

롤링 스톤즈The Rolling Stones의 믹 재거Mick Jagger 스타일의 헤어와 안경으로 예사롭지 않은 예술가 분위기를 내기도 한다. 20대 초반, 자신이 서야 할 무대에 대한 고민은 삼청공원, 서울 명동 쉘브르를 거쳐 전국 방랑으로 이어졌다. 전인권이 부

산 극동호텔 나이트클럽에서 노래를 하고 있었을 때, 작은 형이 영장을 들고 나타나 서울로 끌려온다. 하지만 몇 개월 후 가발을 쓴 채 꽃잎이라는 레스토랑에서 다시 노래를 부르고 있었다.

이후 1979년, 그간의 언더그라운드 활동을 청산하고 이주원·강인원·나동민과 함께 그룹 '따로 또 같이'를 결성해 《따로 또 같이 1집》1979으로 비범하게 가요계에 입성한다. 한국 포크 록 역사의 이정표를 세운 이 앨범에는 전인권의 트레이드 마크인 웅혼雄渾한 보컬 카리스마는 아직 완성되어 있지는 않지만 너울거리는 민요적 그루브가 이미 틀을 잡고 있음을 눈치챌 수 있다. 전인권. 나아가 '들국화'의 음악적인 뿌리가 록큰롤rock 'n' roll 뿐만 아니라 청년 문화의 상징이었던 포크folk 음악에도 닿아 있음을 감지할 수 있다. 하지만 전인권의 음악성향과는 맞지 않다고 판단, 같은 해 비공식 솔로 앨범 《어찌 사랑 너 뿐이랴》1979를 발표 후 이듬해 '따로 또 같이' 시절의 데뷔곡 〈맴도는 얼굴〉을 머릿곡으로 한두 번째 비공식 솔로 앨범 《맴도는 얼굴》1980을 발표하지만 대중은 철저히 외면했다.

1981년, 전인권은 '전인권과 함춘호'를 결성해 어쿠스틱 기타와 록을 접목한 음악을 들려주며 다운타운가에서 이름을 알리던 즈음, 함춘호의 소개로 만난 허성욱키보드 · 조덕환기타 · 한춘근드럼과 함께 '동방의 빛'이라는 밴드로 강릉시의 한 디스코텍에서 활동했지만 허성욱의 부모가 찾아와 팀을 해제하고 만다. 1982년에는 허성욱과 함께 다시 통기타업소인 이촌동 '가스등', 이대 앞 '카페 모노'에서 음악을 한다. 이때 최성원을 만나 셋이서 의기투합意氣投合을 해 '전인권 트리오'와 '블루 스카이'라는 그룹을 거쳐 기타리스트 조덕환이 합류한 뒤부터는 '들국화'라는 공식 명칭을 사용하기에 이른다.

이렇듯 조덕환이 가세해 1집 라인업을 완성하면서 1985년 9월, 그 역사적인 데뷔 앨범 《들국화 1집》1985을 발표한다. 화려한 '들국화'의 라인업 진용은 전인권보컬 · 기타, 최성원기타 · 베이스, 조덕환기타 · 보컬, 허성욱키보드 그리고 세션으로 최구희기타, 주찬권드럼, 이원재클라리넷가 참여했다. 그동안 '들국화'의 곡들은 드럼 파트가 없었기 때문에 리듬이 강조되지 않아 포크적인 성향을 띄고 있었지만, 앨범 녹음 과정에서 드럼과 더불어 일렉기타 세션이 추가되어 결과적으로 훨씬 이전보다 록적인 이미지가 강화되었다.

야성적이면서도 독창적인, 어찌보면 그 자체로 아방가르드avant-garde한 전인권의 보컬은 '들국화'를 완전무결하게 해주는 화룡점정畫龍點睛이었다. 《들국화 1집》에 총집결된 록Rock, 포크Folk, 블루스Blues, 퓨전Fussion 등 1970~80년대 언더그라운드의 다양한 실험과 거의 완벽에 가까운 창작력과 연주력은 가히 혁명적이라 할 만했고, 컬트Cult라고 하기엔 너무나 광범위하고 폭발적인 현상이었다. 수록곡 전곡이 시장에서 완벽하게 승리를 거둔 축복받은 걸작으로 80만 장의 음반 판매고를 기록했고, 소극장 콘서트는 연일 매진됐다. 이는 1992년 서태지와 아이들의 데

뒤에 비견할 만한 사회적인 충격파였다. 그러나 거기까지였다.

1집 이후 '들국화'는 더 이상 타오르지 않았다. 한반도의 지축을 뒤흔들어 주었던 1집에 비해 이듬해에 나온 《들국화 2집》1986은 기운이 빠져 있었다. 그들은 불과 1년 만에 빛을 잃었고, 더 이상 우리가 원하는 그런 곡을 만들어내지 못했다. 전인권은 말했다. '노래가 나오지 않았다고, 내가 부를 곡이 없었다고…'

결국 '들국화'는 단 두 장의 음반만을 남긴 채 —1986년 스튜디오 라이브 음반까지 포함하면 석 장이다.— 해체했고, 멤버들은 각자의 길을 걷게 되었다. 당연히 가장 큰 관심을 모았던 것은 단연 전인권의 다음 행보였다. 전인권은 허성욱과 함께 들국화의 위대함을 재천명再闡明한 앨범 《1979-1987 추억 들국화 머리에 꽃을》1987을 발표한다. 이 둘 외에도 최구희기타, 최성원베이스, 주찬권드럼 등 멤버들이 모두 참여해 명연을 펼쳐 보이는 이 음반을 가리켜 '들국화'의 마지막 혼을 담은 실질적인 《들국화 3집》이라고도 한다.

1987년 10월 말 경, 전인권은 '들국화' 멤버 4명과 '사랑과 평화' 이철호와 함

Jeon In Kwon

께 대마초 사건으로 구속된다. 이듬해 5월 전인권이 여전히 1980년대 한국 록의 절대강자임을 만천하에 알린 명반, 《전인권》1988을 발표한다. '들국화' 이전 발매한 두 장의 비공식 솔로 앨범에 불편함과 거부감을 가지고 있는 전인권은 통산 3집이 아닌 '들국화' 해체 후의 진정한 솔로 1집이라고 역설한다. 전작 《1979-1987 추억 들국화 머리에 꽃을》에서 보여주었던 작곡·편곡 능력이 한층 심화되었으며, 불가사의한 가창력도 여전하다. 더불어 김효국키보드·오승은베이스·박기형드럼으로 구성된 자신의 백밴드back-band 파랑새의 연주 역시 무결점 사운드를 뽑아내고 있었다. 불후의 명곡 〈돌고 돌고 돌고〉 등 수록된 10곡 중 거의 절반이 리메이크인 것이 아쉽기는 하지만 그럼에도 불구하고 전인권의 찬란한 보컬 덕분에 눈부신 생명력을 획득하고 있었다.

1989년부터 자신의 밴드 '가야'를 이끌고 전인권의 음악적 지향이 결코 단색으로 규정될 수 없음을 알리는 솔로 2집 《지금까지 또 이제부터 II》1989를 발표한다. 수록곡 〈언제나 영화처럼〉은 그의 파란만장한 삶의 부침을 예고하는 듯 했다. 대마초 사건1991 이후 1995년에는 새로운 멤버들과 함께 러닝타임이 무려 67분에 달하는 총 13트랙으로 이루어진 컴백 앨범 《들국화 3집》1995을 내놓으며 '들국화'의 영광을 재건하려는 노력을 하기도 하지만, 또 얼마후 대마초와 필로폰 투약1997, 필로폰 상습 투약1999 등 일련의 사건으로 이후 오랜 기간 음악활동을 중단해야 했다.

데뷔 30주년을 맞은 2003년에는 2집 《지금까지 또 이제부터 II》 이후 14년 만에 음반과 사진집을 엮어 3집 《다시 이제부터》2003를 발표한다. '인권이 라이프'라는 유행어를 탄생시킨 TV-CF를 찍으며, 영화 〈몽중인〉2002과 〈안녕! UFO〉2004 등에도 출연했다. 2004년, 지금은 전국민의 위로곡이 된 〈걱정말아요 그대〉와 히트곡 〈사랑한 후에〉를 강렬한 록으로 새로 편곡한 〈사랑한 후에 2004〉 등을 수록한 솔로 4집 《전인권과 안 싸우는 사람들》을 발표한다. 이듬해 수필집 〈걱정말아요 그대〉2005도 출간했다.

그러나 다시 한번 마약 사건2007 후 1년여 간 복역한다. 이후 2012년, 최성원 · 주찬권과 '들국화'를 재결성해 전국 투어, 록 페스티벌 등 활발한 활동을 했다. 2013년 10월, 주찬권 영면永眠 이후 '들국화' 활동은 중단되었고, 같은 해 12월 고故 주찬권의 유작앨범이 된, 27년만의 원년멤버로 27년간 변하지 않은 '들국화'의 음악적 자아를 재현한 신작 《들국화》2013를 발표해 대중들의 뜨거운 호응을 얻으며 그 유의미한 동행에 마침표를 찍는다. 그리고는 바로 이듬해 가을, 의미심장한 제목인 《2막 1장》2014이라는 앨범으로, '전인권밴드'로 다시 대중 앞에 섰다.

유독 많은 부침을 겪었지만 늘 긍정적인 힘과 열정을 끊임없이 발산하며 살아온 전인권은 이제 저항보다는 한 단계 승화된 모습으로 세상을 끌어안으려 하는 듯 하다. 그의 소싯적 풍부한 음영陰影과 역동적인 보컬보다 지금의 그가 아니면 소화할 수 없는, 그가 아니면 만들어 낼 수 없는 깊은 울림이 시나브로 좋아지는 것은 필자 뿐만이 아닐 것이다.

32년 전 발표한 〈들국화 1집〉으로 대한민국

대중음악 르네상스기를 견인한 '들국화'의 핵심 전인권,

그의 보컬은 마음에 한번 착색되면 지우지 못하는

그런 마력을 지니고 있는 듯 하다.

지금까지도 여전히 말이다

Part6

얼마나
낭만적인가

황금시대를 열다

—

신승훈

Shin Seung Hun

1990년 11월 1일. 김현식이 떠나던 날 데뷔한 이 27년 차 가수는 그 후로 오랫동안 황금시대黃金時代를 열어젖힌다. 무려 1집부터 7집까지 연속 밀리언 셀러를 기록하며, 10장의 정규앨범 모두 골든 디스크Golden disk에 선정되는 금자탑을 쌓는다. 통산 역대 음반판매량 2천만 장을 넘긴 가왕歌王 조용필의 신화에 이어 1천 7백만 장 이상의 판매고를 기록한 절창絶唱이자, 대한민국 대중음악사에서 싱어송라이터를 논할 때 가장 꼭지점에 위치한 이로, 특히 발라드 영역에서 시장성과 예술성을 다 잡은 최고의 뮤지션이다.

데뷔 초 조용필은 '나를 라이벌로 삼고 음악을 하라'라는 다소 엄포와도 같은 찬사를 보냈다. 가왕의 선견지명이었으리라. 그가 바로 발라드의 황제. 신승훈이다.

1966년 대전 출생인 신승훈은 중학교 2학년이 되던 해에 친구들과 'Poets'이란 그룹사운드를 만들어 음악을 시작한다. 이즈음 부친이 선물한 기타가 그를 가수로 데뷔하게끔 해 준 기폭제가 되었다고 한다. 충남대 86학번으로 입학한 그는

통기타 동아리 '팝스우리'에서 활발한 활동을 하며 당시 유명했던 대전의 PJ카페 오디션에 합격하면서 그만의 무대를 가지게 된다. 이후 다양한 무대를 통해 지속적인 인기몰이와 대전MBC 별밤의 보조MC 및 고정 게스트를 해 나가며 수많은 팬레터를 받는 대전지역 유명가수가 되었다.

그러던 그가 싱어송라이터가 되겠다는 꿈을 안고 레코드 취입을 위해 기타 하나 들쳐 메고 서울로 올라온다. 결국 3개월여 동안 라면만 먹고 버티다가 장이 꼬여 대전으로 내려갔다가 다시 올라와 기획사 6곳에 데모테이프를 돌린다. 작사가 신재각의 소개로 김창환을 만나 결국 신승훈은 김창환 사단의 가장 값진 첫 번째 열매가 되었다.

1990년 그야말로 혜성같이 등장한 신승훈은 1집《미소 속에 비친 그대》1990로 140만 장이라는 깜짝 판매고를 올리며 데뷔 앨범으로는 처음으로 밀리언 셀러를 기록한다. 타이틀곡 〈미소 속에 비친 그대〉 뿐만 아니라 〈날 울리지마〉 역시 KBS

가요 톱텐 5주 연속 1위로 골든컵을 수상하는 공전의 히트를 기록한다. 당시 골든 디스크상도 신인상이 아닌 본상을 바로 수상하는 파격적인 행보로 향후 발라드의 황제로서, 국민가수로서의 가능성을 이미 견지한다.

이러한 신승훈의 성공은 당시 기획사인 라인음향, 즉 김창환에게도 —후에 데 뷔하게 되는 김건모·노이즈·클론 등등은 없었을 정도로— 신인가수 신승훈의 비 중은 소속사 내에서 어마어마할 수 밖에 없었고, 신승훈의 입지는 단단해졌다. 그 리고 채 1년도 안되어 발표한 2집 《보이지 않는 사랑》1991으로 당시 가요계에 공식 처럼 나돌았던 소포모어 징크스Sophomore jinx를 미련없이 깨트리며 150만 장을 훌 쩍 넘기는 경이적인 판매고를 연이어 기록한다. 유명 독일 가곡 〈Ich Liebe Dich〉 를 도입부에 삽입한 〈보이지 않는 사랑〉은 샘플링sampling이 흔치 않았던 당시, 발라 드로서는 파격적인 곡 구성이었다. 게다가 묵직한 성악발성에 이어 흘러나오는 신 승훈의 고운 음색은 보색대비 현상을 나타내며, 신승훈의 창법을 더욱 아름답게 강조해 주었다. 결과는 물론 대성공이었다. 신승훈은 이 곡을 시작으로 신승훈의 황금시대가 도래到來했음을 선포했던 것이다.

이외에도 〈가을빛 추억〉, 〈우연히〉 등 후속곡들이 쉴 새 없이 전파를 타며 1991 년은 그의 이름을 빼놓고는 논의를 진전시킬 수 조차 없는 한해가 되었다. 상기 곡 들 외에도 전곡이 팬들의 고른 표심을 획득하며 신승훈과 서태지라는 양강兩强 체 제를 확고히 구축했다.

3집 《널 사랑하니까》1993는 1·2집의 성공을 발판으로 공중파 활동은 대폭 줄 이고 전국 투어 라이브 콘서트를 열어 일반 대중들과 더 가깝게 접할 수 있는 계기 가 된 앨범이다. 170만 장의 판매고를 기록하며, 신승훈의 위상을 더욱 확고히 하 는 앨범이 되었다. 이듬해 발표한 4집 《그 후로 오랫동안…》1994은 직접 프로듀싱에도 참여를 하는 등 각고의 노력을 기울이며 알앤비·하우스·댄스 등 다양한 장르를 담아내며 음악적 완성도를 높였다. 댄스 음악 붐^boom^이 불어닥치던 상황 속에서도 타이틀곡인 〈그 후로 오랫동안…〉은 신승훈표 발라드의 저력을 대중들에게 확고히 각인시키며 180만 장의 판매고를 기록한다.

1996년에 발표된 5집 《Shin Seung Hun V》은 신승훈이 재즈·모던 록·알앤비·맘보 등 다양한 장르를 작곡·소화하는 능력을 보여주며 처음으로 전곡 작사·작곡·프로듀싱까지 해낸 의미있는 앨범이었다. 발매 6일 만에 100만 장을 돌파하는 기염을 토하더니, 타이틀곡 〈나보다 조금 더 높은 곳에 네가 있을 뿐〉을 비롯해 〈내 방식대로의 사랑〉, 〈운명〉 등이 연이어 사랑을 받으며, 신승훈의 단일 앨범 최다 기록인 247만 장의 판매고를 기록한다.

이후 약 18개월만에 발표한 6집 《Shin Seung Hun VI》1998의 타이틀곡 〈지킬 수 없는 약속〉의 대중적 인기는 IMF의 경제 위기 속에서도 날개 돋친 듯 팔려 나가면서 130만 장이 세일즈된다. 이와함께 총 누적판매량 1천만 장을 돌파하며 빌보드지 인터내셔날 라인의 표지를 장식한다. 비공식적인 가왕의 기록을 앞선 아시아 최단 기간·대한민국 최초로 정규앨범 판매량 1천만 장 판매라는 전대미문前代未聞의 대기록인 것이었다.

이후 라인음향을 떠나 도로시뮤직을 설립 후 발표한 7집 《Desire To Fly High》2000에서는 그동안 신승훈 스타일의 발라드를 타이틀로 내세웠던 것과는 다르게 월드뮤직을 표방한 노래로 실험적이고 파격적인 장르의 변화를 시도한다. 퍼커션을 대거 도입 소울풍의 흑인 코러스 등을 활용한 아프리카 음악 분위기의 타이틀곡 〈전설 속의 누군가처럼〉, 경쾌한 펑키 풍의 〈엄마야〉, 보사노바 풍의 〈어느 멋진 날〉, 신승훈표 발라드 〈이별 그 후〉 등 다양한 장르가 폭넓은 사랑을 받으며 100만 장을 조금 넘기는 밀리언셀러의 마침표를 찍는다.

2002년, 본연으로의 회귀回歸를 뜻하며 애이불비哀而不悲의 정서를 담아 낸 8집 《The Shin Seung Hun》2002을 발표한다. 〈사랑해도 헤어질 수 있다면…〉, 〈애이불비哀而不悲〉, 영화 「엽기적인 그녀」 삽입곡 〈I Believe〉 등이 사랑을 받았다. 50만여 장 판매라는, 뛰어난 음악성과 대중성에도 불구하고, 밀리언셀러로서의 과거의 영광은 더 이상 되찾지 못한다.

2004년, 15곡 수록이라는 이례적인 양적 증가 뿐만이 아니라 기존 음악에의 분명한 고집, 다양한 장르 섭렵과 국악 접목 등 실험정신에 이르기까지 어느 하나 포기하지 않은 질적 탄탄함이 그 소장가치에 단단히 힘을 실어주고 있는 9집 《Ninth Reply》2004을 발표한다. 타이틀곡 〈그런 날이 오겠죠〉, 〈두 번 헤어지는 일〉, 〈哀心歌 · 애심가〉 등이 사랑을 받았다. 더불어 도시바 이엠아이Toshiba EMI를 통해 《I BelieveSingle》2005로 첫 일본 진출을 성공적으로 마치며 활동반경을 확장시키기 시작한다. 잇달아 일본 첫 정규앨범 《微笑みに映った君Album》2005, 《僕より少し高い所に君がいるだけ~連理の枝~Single》2006을 발표하며 일본에서의 입지를 넓혀 나간다.

열 번째 발라드의 신화 10집 《The Romanticist》2006을 발표하며 개인 통산 10번 째 골든디스크 본상을 수상한다. 이로써 그는 이때까지 발표한 정규 앨범 10장 모두가 골든디스크에 선정되는 영예와 함께 역대 골든디스크 본상 최다 수상이라는 대기록도 손에 쥔다. 이듬해에는 일본 최대 음반사 에이벡스 트랙스Avex Trax와 계약을 맺으며, 일본 내 신·승·훈이라는 네임밸류Name-value를 증명해보인다. 그리고 신승훈은 음악 인생의 전환점으로 데뷔 이래 처음으로 '3 Waves Of Unexpected Twist'라는 하나의 타이틀 아래 세 장의 프로젝트 앨범, 모던 록 성향의 《Radio Wave》2008, 알앤비 성향의 《Love O'Clock》2009, 그리고 지난 6년에 걸친 음악적 실험과 여정을 담은 프로젝트 앨범의 완결작《Great Wave》2013를 차곡차곡 발표해 신선한 충격을 주었다.

2009년 3월에는 에이벡스 트랙스Avex Trax 이적 후 첫 정규앨범이자 일본에서 내는 두 번째 정규앨범인《Acoustic Wave · Japan Special Edition》2009을 발표했으며, 이듬해 9월 신승훈은 데뷔 20주년 기념으로 데뷔 이래 처음 일본에서 리메이크 앨범《My Favorite · Remake Album》2010을 발표 후 데뷔 20주년이 되는 11월 1일, 본인 곡 13곡과 싸이 · 클래지콰이 · 정엽 · 다비치 · 2AM · 나비 · 알리 · 탐탐 · 슈프림 팀 등 후배들의 헌정곡으로 채워진《20th Anniversary》2010를 국내에서 발표했다.

그리고 2015년 25년이라는 오랜 시간 가요계에서 독보적인 위치를 지켜온 그가 정규 11집《I Am… & I Am》2015을 통해 과거와 현재, 그리고 미래의 음악적 스펙트럼을 고르게 담아 대한민국 대표 싱어송라이터이자 진행형 레전드라는 타이틀에 어울리는 앨범을 들고 컴백했다. 파트1《I Am… & I Am》에는 기존 팬들을 위한 6곡의 음악을, 파트2《I Am… & I Am》에는 또 다른 신승훈의 음악적 도전과 시도를 기반으로 다채로운 스타일의 음악을 담아 전 세대를 아우르려는 폭 넓은 음악관을 투영投影하고 있었다.

대한민국 발라드의 맹주盟主로 장기집권체제를 공고히 한 지 어언 27년, 고도로 응축된 애조哀調를 바탕으로 한 신승훈의 명품 보이스는 여전히 모두를 위로할 자격이 있다. Live Actually! Forever 신 · 승 · 훈!

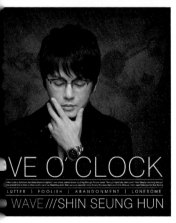

얼마나 낭만적인가
신승훈 / 양희은 / 이승철 / 부활 김태원 / 김현철

찬란한 청년문화의 결실

___

양희은

Yang Hee Eun

통기타와 맥주, 청바지로 대변되는 1970년대의 문화를 이야기할 때 음악적인 면에서는 포크가 압도적으로 젊은이들의 지지를 얻었었다. 포크는 작금昨今의 힙합처럼 기성 세대의 반감을 사며 울타리 쳐진 문화였고, 우리 대중 음악의 새로운 출발을 알리는 소금의 역할을 했다. 양희은은 그 시대를 대변하는 김민기의 페르소나로, 포크 음악의 프런트우먼으로 맹렬히 달려온 뛰어난 보컬의 소유자이다.

그녀의 보컬 속에 깃든 청아함과 외로움은 한 어두운 시대의 표상을 휘저으며 통기타 살롱 시대의 10여 년을 달려왔고 또 그만큼 대중의 지지를 이끌어 내었다. 그녀는 1970년대 찬란했던 청년 문화의 결실이자 아이콘이었던 것이다.

1952년 8월 13일 서울 가회동에서 태어난 그녀의 끼는 첫 돌도 되기 전에 나타났다. 채 말문이 트기도 전부터 노래를 흥얼거렸고, 2살 때는 곧잘 유행 가요를 따라 부르곤 했다. 하지만 2살 때 소아마비를 앓으면서 이때의 후유증으로 웃을 때 입이 한 쪽으로 쏠리게 되었다고 한다. 활달한 성격과 노래하기를 좋아한 양희은

은 초중고 시절 내내 전교생 앞에서 애국가와 교가 선창, 졸업식 송사 등을 도맡아 했을 만큼 무대 체질인 소녀였다. 그녀는 학내에서 모두가 다 알 정도로 소문난 만능 엔터테이너였다.

그렇지만 그녀의 마음속에는 아버지의 외도와 갑작스러운 죽음이라는 치유되지 않는 상처가 있었다. 그녀의 아버지는 중학교 1학년 때 가족을 버리고 내연의 여인 곁으로 떠나갔다. 그리고 그나마 얼마 못 가 서른 아홉의 나이에 요절을 하고 말았던 것이었다. 어린 양희은에게는 큰 충격이었다. 아버지가 떠난 후 어머니는 흔들렸다. 어머니가 벌린 사업이 난항을 거듭했고, 업친데 덮친 격으로 빚보증을 잘못 서는 바람에 경제적으로 파산 지경에 이르고 만다. 장녀였던 그녀는 뭐든 해야

할 형편에 놓였다. 게다가 대학입시도 떨어지고 난 후 재수를 해야했다. 그렇게 재수를 하던 어느날 그녀 인생에 터닝 포인트가 되어준 사건이 발생한다.

　대학생이 된 친구들과 당시 대학생들이 즐겨찾던 음악클럽인 명동의 '청개구리'로 놀러갔다가 가수로서 첫 발을 내딛게 되었던 것이다. 당시 클럽에 있던 다른 경기여고 출신 여대생이 양희은이 온 것을 알아채고는 사회자 이백천에게 쪽지 한 장을 건넨다. 그 쪽지에는 경기여고에서 제일 노래 잘하던 양희은이 와 있다는 내용이었고, 호기심이 생긴 이백천은 양희은을 무대로 올려 세웠다. 즉석에서 서유석의 기타 반주로 두 곡의 팝송을 불렀다. 그녀의 범상치 않은 노래 실력에 힘찬 박수를 보내던 사람들 중에는 기독교방송의 PD도 끼어있었다. 그 PD는 양희은을 전격 캐스팅했다. 재수생 신분이었던 지라 처음에는 거절했지만 결국 집요한 PD의 설득에 마음을 움직여 첫 방송출연을 하게 되었다. 첫 출연은 성공적이었다. 그녀의 청아하면서도 거침없고 개성있는 노래에 대중들이 반응을 보인 것이다.

이후 그녀는 '청개구리'에서 재동초등학교 동문인 김민기를 만났고, 송창식, 김도향, 윤형주, 뜨와에무와, 4월과5월, 라나에로스포 등 당대의 통기타 가수들과 친분을 갖게 된다. 그 와중에 집이 화재를 당하는 우환을 겪기도 했지만 서강대 사학과에 진학한다. 이후 아르바이트를 찾던 그녀는 송창식의 소개로 이종환이 운영하던 '금수강산'에서 노래를 시작했다. 그리고 얼마 후 최고로 잘 나가던 업소인 '오비스 캐빈'의 오디션에 합격 후 이후 십여년간 이 업소에서 노래를 부르며 디스코의 득세로 업소가 불황을 맞을 때까지 무대를 지켰다.

1971년경 그녀는 김민기가 노래하는 〈아침이슬〉을 들었고 이내 그 곡에 매료된다. 그녀는 김민기가 찢어서 버린 악보를 주워 테이프로 붙인 뒤 그걸 보고 노래를 불렀다. 머지않아 1집을 준비하면서, 김민기에게 〈아침이슬〉을 취입하고 싶다고 이야기하자 김민기는 친구를 격려했고, 조언을 아끼지 않았다. 김민기는 그녀에게 늘 고마운 존재였다고 한다. 그리고 이후 김민기의 모든 언어와 멜로디는 철저히 양희은화 되어 대중에게 알려지게 된다.

이윽고 1971년 9월, 양희은은 〈아침이슬〉을 비롯한 신곡 3곡과 외국곡을 번안한 노래 7곡을 취입해 데뷔 앨범 《양희은 고운노래 모음 아침이슬》을 발표했다. 이는 양희은 시대의 개막을 뜻하는 청신호였으며 가요계의 또 하나의 전설이 탄생하는 순간이었다. 그녀의 전설은 〈아침이슬〉에 의해 시작되었고, 〈아침이슬〉에 의해 공고해졌다.

당시 그녀는 라디오 방송과 클럽을 중심으로 분주한 활동을 펼치며, 연이어 2집 《양희은 고운노래 모음 서울로 가는 길》1972을 내놓았다. 수록곡 〈서울로 가는 길〉, 〈백구〉, 〈작은 연못〉, 〈새벽 길〉, 〈아름다운 것들〉은 1집에 버금가는 파장을 일으키며 빅 히트되었다. 1집과 2집으로 존재가치를 증명한 양희은은 포크콘서트 공연을 통하여 본격적인 행보를 시작하였고, 공연은 상상을 초월하는 인파로 인산인해를 이루었으며, 그녀의 존재가치는 당시의 청년시대를 대표하는 포크가수로서 업그레이드되었다.

1972년 가을부터는 라디오 DJ로도 활동폭을 넓히며 전성기를 열어가던 그녀에게 《양희은 고운노래 모음 제3집》1973 발매 후 터진 서유석과의 스캔들을 시작으로 〈꽃피우는 아이〉, 〈아침이슬〉, 〈늙은 군인의 노래〉, 〈엄마! 엄마!〉, 〈작은 연못〉, 〈백구〉, 〈서울로 가는 길〉 등 무려 30여 곡의 노래가 무더기로 독재 정권에 의해 금지곡으로 재단되었다. 어쨌든 이런 일련의 제재로 인해 그녀뿐 아니라 많은 가수들이 창작의 제한을 받았고, 그만큼 위축되었다. 그러나 아이러니한 것은 독재정권이 간섭을 하고 제재를 가하면 가할 수록 이른바 금지곡들은 더 큰 생명력을 지니게 되었다는 것이다.

1975년 국가에서 시상하는 『대한민국 가수상』을 수상하기도 하지만 김민기가 당국의 감시를 받으며 활동이 저지되자 '따로또같이'의 리더인 이주원과 음악작업을 한다. 《내 님의 사랑은》1974을 비롯해 《한 사람》1975, 《네 꿈을 펼쳐라》1976 등은 아름답고 서정적인 가사들 속에 내표된 심오한 소외의 단상이 메아리치고 있는 결과물들이었다.

이후 1980년 방송통폐합 후 환멸을 느낀 그녀는 미국으로 잠시 떠난다. 《양희은 신곡집 하얀 목련》1984으로 스매시 히트smash hit를 기록하며 주류의 물줄기를 타고 차세대 포크 음악의 신성 하덕규와 함께 작업한 《찔레꽃 피면》1985의 〈한계령〉으로 길고 긴 사랑을 받는다. 발매 당시 큰 반응을 얻지 못했으나 1990년대 넘어오면서 중장년층의 폭발적인 사랑을 받았다.

1987년 6월 항쟁의 결과로 8월 18일 문공부는 '공연금지해제조치'를 통해 그

동안 금지곡으로 선정된 국내가요 382곡 중 월북작가의 작품 88곡을 제외한 294 곡을 재심, 총 186곡을 '해금解禁'했으니, 이는 노래의 '광복절'이었다. 이렇듯 해금된 금지곡들 때문에 양희은은 다시금 조명을 받았고, 《양희은이 처음 부른 노래들》1987.10은 그녀의 명성을 간접적으로만 알고 있던 세대들에게 인기 품목이 되었고, 김민기가 만들고 그녀가 부른 노래들은 갑자기 신세대 컬렉터들의 수집 목록이 되었다.

이후 '어떤날'의 기타리스트이며 클래식 수업을 받고 있던 이병우의 도움을 받아 새 앨범 《양희은 1991》1991을 발표한다. 이병우식 멜로디와 기타가 한폭의 수채화처럼 그려져 있는 이 앨범에서 〈그 해 겨울〉과 〈가을 아침〉이 라디오를 타며 큰 인기를 얻었다. 〈내 나이 마흔 살에는〉이 잔잔한 반향을 일으켰던 《양희은 1995》와 '더불어 살아온 모든 이들에게'란 부제로 트리뷰트 앨범 《양희은 1997 아침이슬》을 통해 오랜 친구 김민기에게 고마움을 전하기도 한다.

여생을 포크음악의 부활을 위해 바쳐온 포크계의 장인 김의철의 자작곡 11곡으로만 앨범을 채운《양희은 1998》을 거쳐, 노래인생 35년 동안 추억 어린 옛노래로 연명하거나 만족하지 않고, 끊임없이 새 노래를 만들어 온 그녀의 35주년 기념 앨범《양희은 35》2006를 통해 청아하고도 숭고한 목소리로 우리들 영혼 깊숙한 곳을 진동시킨다. 이후 8년의 세월. '늘 푸르른 양희은의 휴먼앨범'이란 카피의《양희은 2014》로 찾아왔다.

찰랑찰랑한 어조임에도 듣는 이에게는 편안하다. 저 옛날의 날 선 포크 톤에서 유유자적 여유로운 스탠다드와 소프트 재즈 톤으로 색조가 이동했다. 어느 평론가의 평처럼 나이들어 삶을 긍정적으로 바라보는 아량과 관조가 지배하는, 그리고 이끼와 손때 묻은 인간적인 목소리로 영근 양희은을 만날 수 있었다.

더불어 지난날 당대의 뮤지션들이 그러했던 것처럼, 동시대의 음악적 동료인 후배들과 아티스트 대 아티스트로 만나 서로 소통하고 교류하며 다양한 음악적 시도를 지속적으로 꾀하고자 '뜻밖의 만남'이라는 디지털 싱글 프로젝트를 시작했다. 윤종신2014, 이적2014, 이상순2015, 김규리&Tymee2015, Astro Bits2015, 강승원2016 등과의 지치지 않는 작업들이다.

양희은과 그녀의 음악은 분명 우리 가요계가 가진 소중한 자산임과 동시에 자랑할 만한 귀중한 유산이다. 70년대 초중반의 활동만으로도 가요사에 지울 수 없는 족적을 남겼기 때문이다. 음악사적, 사회적 가치를 논하기 이전에 양희은의 음악은 어려운 시절, 우리를 다독이고, 우리를 감싸안으며 견디게도 했지만, 나아가 지금보다 더 나은 세상을 만드는 데에도 기여했음을 새삼 깨닫게 된다.

그녀의 보컬 속에 깃든 청아함과 외로움은

늘 푸르른 청년문화의 표상이자,

독보적인 이름이었다.

일세지웅 一世之雄 명인 보컬

—

이승철

Lee Seung Chul

대학가 중심으로 절정의 인기를 끌던 록 그룹사운드가 서서히 정리되던 80년대 중반 무렵. 강남에는 한국 록의 대부 신중현의 큰 아들, 신대철이 중심이 된 '시나위'가, 그리고 강북에는 서대문구와 은평구를 중심으로 활동하던 김태원의 '부활'이 있었다.

김종서가 '부활'을 탈퇴하고 '시나위'로 이적함에 따라 후임 보컬리스트로 만 19세의 이승철을 전격 발탁한다. 이는 결과적으로 정통 헤비메탈을 지향하던 '시나위'와는 달리 감성적인 보컬이 중심이 된 록 발라드를 주로 연주하던 '부활'이라는 팀의 성격을 더 굳건하게 해주었다.

이승철이 합류하고 '부활'은 첫 앨범 《부활 vol.1》1986을 발표한다. 〈희야〉, 〈비와 당신의 이야기〉를 비롯해 1집의 모든 곡들이 젊은 세대에게 폭발적인 인기를 얻게 된다. 가죽자켓과 부츠 대신에 버버리 코트의 깃을 세우고 호소력 짙은 목소리로 〈희야〉를 부르던 이승철의 목소리는 김태원의 감성적인 송라이팅에 최적화

되어 있었다. 이후 1집 멤버 중 김태원과 이승철 외에 정준교, 서영진, 김성태가 새 멤버로 합류하며 '부활' 앨범 중 단연 최고의 마스터피스인 2집 《회상》1987을 발표하게 되고, 이 역시 엄청난 인기와 판매고를 기록한다. 그러나 절정의 인기를 구가하던 이들에게 닥친 불미스러운 대마초 파동으로 인해 이승철은 팀을 떠나고 부활은 해체 되기에 이른다.

당시 이승철은 조용필의 뒤를 이을 걸출한 보컬리스트라는 평단의 반응과 수많은 여고생들의 인기를 한 몸에 얻은 채 활동을 쉬게 된다. 마침내 이승철은 '부활'을 통해 얻은 인기를 발판으로 《이승철 1집 Part.1》1988과 《이승철 1집 Part.2》1989라는 이름으로 두 장의 앨범을 연달아 내면서 솔로 보컬리스트로서의 커리어를 시작하기에 이른다. 주로 새로운 곡을 받아 작업한 《Part.1》은 당시 신인 작곡가에 불과했던 박광현의 명곡 〈안녕이라고 말하지마〉와 〈잠도 오지 않는 밤에〉를 필두로 이승철 특유의 호소력 강한 미성을 박광현 특유의 뜨겁고 끈적한 세련됨으로 소개한 발라드로 메가 히트를 기록한다.

《Part.2》는 록커 이승철의 진면모가 숙성되어 담겼는데, 이는 김태원의 섬세한 송라이팅과 수록곡을 완벽하게 소화하는 이승철의 탁월한 감성 표현 능력을 보여주었다. 이젠 전설이 된 〈마지막 콘서트〉나 〈비와 당신의 이야기〉를 부르는 이승철의 보컬 테크닉은 타고난 목소리의 톤과 비브라토, 정확한 발음과 그에 따르는 호소력, 한 곡 안에서 감정을 리드미컬하게 소화하는 강약조절 등으로 정리될 수 있는데, 이제 20대 중반을 넘어서 갓 소년의 티를 벗은 이승철을 만날 수 있다.

저주받은 걸작이라 불리는 《이승철 2집》1990으로 왕성한 활동을 하던 중에 또다시 마약으로 활동을 접게 되었다. 이 사건으로 5년간 방송 출연을 금지당한다. 그럼에도 불구하고 이듬해 재기콘서트로 '91 Irony Live'란 이름의 전국투어를 통해 성공적인 행진을 해나가는 한편, 하이라이트를 수록한《91 Irony Live》1992 앨범을 발표하며 사회적으로 큰 반향을 불러일으켰다.

1992년에는 박찬욱 감독의 영화 『달은…해가 꾸는 꿈』에 여배우 나현희와 함께 주연으로 출연하면서 그 인기를 반증하는가 하면, 동명 타이틀 OST《달은…해가 꾸는 꿈》1992를 발표하며 박광현의 수작인 〈달은…해가 꾸는 꿈〉을 히트시킨다. 그해 12월 김홍순과 의욕적으로 작업한《이승철 3집》1992 타이틀곡 〈방황〉이 그보다 15일전에 발표된 Bobby Brown의 〈Humpin' Around〉와의 표절 논란에 휩싸이기도 한다.

방송 출연 제재가 풀림으로써 이승철은 전방위적인 TV활동을 통해 3집 앨범의 대다수 곡들을 연이어 히트시키며 그간의 공백을 말끔히 메우고 그의 건재함을 과시한다. 이듬해 '93 Serious Live'란 이름으로 성황리에 마친 생생한 공연실황을 담은《Serious Live 93》1993 앨범을 발표한다. 이 앨범은 이승철의 대표적인 라이브 앨범으로 초기 1, 2집 대표곡과 3집 신곡들이 파트별로 균형감있게 선곡 · 배치되어 있는 라이브의 백미라 할 수 있다.

그리고 다음해 여름 뉴욕에서 제작되어 많은 실력파 외국 프로듀서와 뮤지션들이 참여하여 수준 높은 사운드를 담아 낸 이승철의 4번째 정규앨범《The Secret Of Color》1994를 발표한다. 이승철만이 해낼 수 있는 음악적 쾌거라는 평단의 찬사와는 달리 상업적으로는 참패한다. 이듬해 1월에는 앨범 작업에 직접 참여한 New York Voices 등 외국뮤지션들이 방한, 5회에 걸쳐 이루어진 '95 Secret Live'를 성황리에 치러내며《95 Secret Live》1995 앨범을 발표한다.

그해 6월에는 여배우 강문영과의 갑작스런 결혼발표와 강문영 주연의 영화 『도둑과 시인』의 OST를 단독으로 불러, 수록곡 〈너의 곁으로〉를 히트시키며 영화

얼마나 낭만적인가
신승훈 / 양희은 / 이승철 / 부활 김태원 / 김현철

음악으로는 드문 10만여장의 판매고를 기록하기도 한다. 1996년 9월 결혼 후 처음 발표한 정규 5집《The Bridge Of Sonic Heaven》에서는 당시 R&B의 트렌드를 폭넓게 수용하는 한편, 트롯댄스라는 새로운 장르를 개척한 신인 작곡가 윤일상과의 작업으로 R&B, 힙합, 펑키에 주안을 두고 만든 기존의 이승철이 이룩한 노래 패턴을 깨는 파격적인 변화를 담아내었다. 전체적으로 음반판매순위 1위를 수 주간 차지했으며, 〈오늘도 난〉만이 순위프로그램에서 2위에 올랐을 뿐 연이은 후속곡들의 부진으로 인기행진에 탄력을 받지 못한 채 기존과 같은 명성을 이어나가는데 부진한 모습을 보였다. 이승철표 앨범의 근간인 팝발라드곡들이 평이해진 시대적 성향과 보컬 변화로 인해 기존에 비해 현저하게 약화된 그 특유의 카리스마적 위상에 원인이 있었다.

1997년 초 '97 Heaven Live' 전국투어의 일환으로 세종문화회관에 올라 공연하여 《97 Heaven Live》앨범을 발표하고 3월에는 이혼을 한다. 이혼의 충격으로 활동을 중단할 것이라는 세간의 예상을 뒤엎고 신곡과 리메이크곡을 섞은 5.5집 성격의 《Deep Blue》1998를 발표한다. 그해 7월에는 '98 Best Of Best Live'라는 이름으로 5개월간 14개 도시 30여 차례의 공연을 치뤄낸다. 이듬해 《1999》1999라는 타이틀로 신곡과 '98 Best Of Best Live' 실황이 담긴 2장의 CD로 구성된 여섯 번째 정규앨범을 발표하며, 10대 위주의 TV순위프로그램 출연거부를 선언함과 동시에 전국투어를 통해 팬들과 직접 만나면서 활동을 재개해 나갔다.

〈오직 너뿐인 나를〉이 라디오를 통해 반응을 얻어 나가면서 1백만장 이상의 판매고를 기록한다. 2000년 5월 영화『비천무』OST 〈말리꽃〉을 히트시키고, 15년간의 음악생활을 결산하는 'Saturday Night Fever Live'에 30억원을 투자한 장비들을 동원해 성황리에 콘서트를 치러낸다. 2001년에는 신곡과 기존 히트곡을 테크노버전으로 리메이크한 더블앨범인 6.5집 《Confession》2001를 발표한다. 〈니가 흘러내려〉가 좋은 반응을 보였다.

그해 '부활'과 14년만에 재결합하기로 합의한 이승철은 2002년 8월 31부터 이틀간 10억원의 제작비가 투입된 '이승철과 부활의 재결합 & 밴드결성 15주년을 기념하는 콘서트'를 열고 동시에 '부활'의 8집 앨범인 《새벽》2002을 발표한다. 이어 'Never Ending Story Concert'라는 이름으로 서울을 시작으로 대도시 중심의 10개도시 투어를 통해 전석 매진행진을 벌려 나가며, 〈Never Ending Story〉의 대히트로 40만장 이상의 판매고를 기록한다. 사그라들지 않는 팬들의 요청으로 투어를 5개월 더 연장하고 중소도시까지 행군하며 연일 매진기록을 세워 나간다.

그후 이승철은 '이승철과 황제'를 조직하여 다시 콘서트활동을 벌리며 활동을 재개해 나간다. 2004년 MBC 미니시리즈 '불새' OST 주제곡인 〈인연〉을 대히트시키며 1위를 차지하는가 하면, 당시 컬러링 다운횟수 70여만회를 기록하는 기록을 세우기도 한다. 당시 《불새 OST》는 5만여장이 판매되는 저력을 발휘한다.

데뷔 19주년을 맞은 2004년 7월 7일 정규 7집 《The Livelong Day》2004를 발표하며 〈긴 하루〉를, 다음해 20주년 기념앨범 《A Walk To Remember》2005로 〈열을 세어 보아요〉를 통해 황제로서의 면모를 또한번 대중들에게 각인시킨다. 그해 6월 18/19 양일 88잔디마당에서 펼쳐진 데뷔 20주년 콘서트 '진성'을 라이브 실황앨범과 DVD로 발매했다. 같은 해 연말 영화 '청연' OST 주제곡인 〈서쪽하늘〉을 또 히트시키고, 2006년 정규 8집 《Reflection Of Sound》2006를 발표해 〈소리쳐〉, 〈떠나지마〉 등을 연달아 히트시킨다.

1994년 발매된 4집 《The Secret Of Color》 앨범에서 느꼈던 대중적 한계를 극복하고자 하는 노력이 담긴 9집 《The Secret Of Color 2》2007을 발표하고, 2008년 총 제작비 60억원, 총 스텝 200여명, 전국투어 5개 도시 공연장을 90% 유료 관객으로 매진시키며, 2005년 이후 5년째 유료관객 30만명 이상을 동원시킨 라이브 황제로서의 저력이 유감없이 발휘된 앨범 《Sound Of Double》2007을 발표한다. 그리고 2007 이승철 전국투어 콘서트 'HE'S COMING!' 의 감동을 5.1 돌비 서라운드 음향 시스템으로 국내 최초로 시도해 담은 《HE'S COMING Live》2008를 발표한다. 2009년에는 이승철 음악인생 24년간의 음악적 이상향을 뜻하는 10집 앨범 《Mutopia》2009를 발표하고 〈손톱이 빠져서〉와 〈그런 사람 또 없습니다〉 등의 히트곡을 연이어 양산하며 이례적으로 10만여장의 판매고를 기록한다.

2010년 데뷔 25주년을 맞아 그의 노래를 들으며 가수의 꿈을 키워 온 후배들이 선물 한 노래들과 이승철의 새 노래가 함께 담겨 있는 《너에게 물들어 간다》2010

비가 오는 날엔 난 항상 널 그리워해

언젠간 널 다시 만나는 그 날을 기다리며

비내린 하늘은 왜 그리 날 슬프게 해

흩어진 내 눈물로 널 잊고 싶은데

얼마나 낭만적인가

신승훈 / 양희은 / 이승철 / 부활 김태원 / 김현철

259

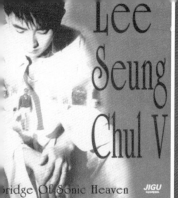

Lee Seung Chul V

Bridge Of Sonic Heaven

JIGU

이승철

LEE SEUNG CHUL

COMPACT disc DIGITAL AUDIO STEREO

Lee Seung Chul

BALLERINA

이

LEE SEUNG CHUL THE SECRET OF COLOR Vol.4

시간 참 빠르대

12TH ALBUM
LEE SEUNG CHUL

LEE SEUNG CHUL 11TH

MY LOVE

1 9 9 9

Lee, Seungchul 6th

2CD

JIGU

이승철 (((

the secret of color

leeseungchul 9th

lee seung chul

이승철 10th

the land of dreams Mutopia
[유토피아]

를 발표하고, 25주년 기념공연 실황 DVD를 담은 《오케스트락》2011를 발표했다. 〈제빵왕 김탁구〉, 〈신들의 만찬〉, 〈너희들은 포위됐다〉, 〈프로듀사〉 등의 OST 주제곡 등을 쉬지 않고 작업함과 동시에, 28년차 보컬의 신과 세계적인 록밴드 '니켈백Nickelback', 그래미 어워드 수상 엔지니어 등 월드 클래스 스탭진이 참여한 기념비적 음반 11집 《My Love》2013로 이승철이라는 뮤지션의 정체성과 새로운 시도를 함께 담아내고자 했으며, 각종 음악 차트 정상을 석권한 뒤 중화권 등지에서 큰 인기를 누리는 등 화려한 성적을 거둔 바 있다. 그리고 2년 후인 2015년 5월말 30여년간의 음악활동에서 얻은 매서운 노하우와 천부적인 감각을 모든 노래에 덧입히면서 수록곡 전체에 아찔한 정수를 가미한 정규 12집 《시간 참 빠르다》으로 30년차 보컬신의 위용을 뽐내며 돌아왔다.

현장에서 공연을 이어오며 다져온 라이브 실력. 완벽한 음정과 흐트러지지 않는 감정선, 자유자재로 가성과 진성을 넘나들며 분위기를 조율하는 여유 등은 가히 압도적이다. 이승철은 30년동안 끊임없이 한 우물만 판 장인이다. 가수로 활동하며 언제나 라이브를 고집, 무려 2천여 회가 넘는 라이브 공연으로 이승철의 가치를 증명해 내고 있다. 이러한 그의 고집, 그의 가치가 팬들이 끊임없이 그의 콘서트를 찾는 이유일 것이다. 이렇듯 전 연령층을 아우르는 인지도와 히트곡을 보유한 이가 또 있으랴.

얼마나 낭만적인가
신승훈 / 양희은 / 이승철 / 부활 김태원 / 김현철

지구에는 음악이 있어
비가 내린다
—

부활
김 태 원

Kim Tae Won

    1965년 유복한 집안의 3남 2녀 중 막내아들로 태어난 김태원은 당시 부유층 자제들만 입학할 수 있었던 사립초등학교에 형들을 따라 입학하였으나 재력가 할 아버지의 사세 확장에 따른 실패로 가세가 기울기 시작한다. 때문에 김태원은 따돌림과 학교에 대한 혐오감을 가지게 되었다고 한다. 학교에 가기 싫어했던 어린 김태원은 아침에 집을 나와 하교하는 시간까지 학교 주변을 맴돌았다.

    중3 때 인기를 한몸에 받는, 기타를 잘 치는 친구가 있었다. 질투가 났던 김태원은 레드 제플린^{Led Zeppelin}의 〈Babe I'm gonna leave you〉를 6개월간 피나는 연습 끝에 친구들 앞에서 연주를 해보인다. 그 이후로도 그는 고등학생이 되어서도 계속 기타와의 인연을 쌓아갔고, 더불어 그의 출중한 기타실력은 소문이 나기 시작한다. 독학으로 시작한 기타를 전문적으로 배우기 위해 기타 학원도 다녔으나 수준에 맞지 않는 수업에 회의감을 느끼고 한달여 만에 그만둔다.

    고교 졸업 후, 1980년대 초 서대문구 영천시장 서대문악기사 지하 연습실에서 시간당 4천원을 내고 연습했다고 한다. 1984년 김태원^{기타}과 이태윤^{보컬 · 베이스}으로

결성한 '디 엔드The End'는 언더그라운드에서 서서히 좋은 반응을 얻고 있었다. 이듬해 김태원은 당시 '검은 진주'라는 그룹의 김종서를 보컬로 맞아 '부활'로 팀명을 바꾼다. 얼마 후 김종서가 음악적 견해 차이로 탈퇴하자 김태원은 친분이 있던 이승철에게 새로운 가수를 알아보라고 시켰으나 마땅한 사람이 없었다. 결국 이승철이 보컬을 맡게 되어 1985년 7월 3일 '부활'로 재결성하게 된다.

이미 3대 기타리스트로 명성을 떨치던 김태원은 김도균을 지켜보고 큰 감명을 받게 된다. 더불어 강남에서는 신중현의 아들 신대철의 명성이 자자했다. 그해 신대철의 시나위와 부활의 김태원은 서로 같은 무대에서 공연을 한 적이 있었다. 부활은 게리 무어Gary Moore 스타일의 음악을 했었고, 시나위는 오지 오스본Ozzy Osbourne 같은 메탈 음악을 했었는데, 악기의 수준이나 퍼포먼스 등에서 시나위에 큰 패배감을 느끼게 되었었다고 한다. 이에 김태원은 기타실력보다는 작곡 위주로의 음악적 변화를 모색한다.

얼마나 낭만적인가
신승훈 / 양희은 / 이승철 / 부활 김태원 / 김현철

1986년 부활·백두산·시나위가 모두 앨범을 발표한다. 메탈을 추구한 백두산·시나위와는 달리 부활은 부드러운 발라드 성향의 록을 하면서 다른 길을 걷기 시작한다. 1986년 10월 3일 부활의 첫 번째 앨범 《부활 Vol.1》1986이 발표된다. 대한민국 대중음악 1백대 명반 상위에 당당히 자리하고 있는 이 앨범은 멜로디 메이커Melody Maker로서의 김태원의 역량과 미성의 보컬 이승철의 조합으로 80년대 후반 힘과 속도 경쟁이 불타오르던 록·메탈 필드에서 독자적인 사운드의 정체성으로 지금까지도 사랑을 받고 있는 김태원표 음악의 개가凱歌라 하지 않을 수 없다. 앨범의 시그너처 송Signature Song이자 부활과 이승철의 대표곡이 되어버린 〈희야〉와 〈비와 당신의 이야기〉, 폭발적인 에너지와 구성미를 뽐낸 〈인형의 부활〉과 〈슬픈 환상〉은 부활의 첫 앨범이 수확한 가장 멋진 결과물이다.

2집 《부활 II》1987의 제작에 앞서 부활은 김태원과 이승철을 제외한 멤버 전원을 교체했다. 기타 이지웅의 탈퇴로 부활은 두 가지 중요한 변화를 맞이했다. 하나는 기존의 트윈 기타 시스템이 김태원 단독 체제로 바뀐 것이고, 다른 하나는 키보드를 가미했다는 점이다. 김태원은 2집을 구상하면서 기타와 키보드의 조화에 대한 연구를 많이 했다. 결국 한국의 반젤리스Vangelis로 불리던 서영진을 영입하면서 2집의 구상은 현실로 옮겨졌다. 대중적 인기를 위해 발라드인 〈희야〉를 앞세워 '록의 정신'을 버렸다는 이유로, 1집 성공 후 등을 돌린 록 매니아들의 마음까지 사로잡은 2집은 대중적인 성공과 감동을 안겨준 『회상 시리즈』같은 연작 콘셉트로 구성한 노래나, 다양한 테크닉을 가미한 노래를 수록했고, 1집에 이어 40만장 이상이 판매되었다. 8분이 넘는 대곡 〈회상 II〉와 〈천국에서〉 등이 대표적이다.

김태원의 천재성을 유감없이 보여주며 부활 최고의 걸작으로 꼽히는 2집을 발표하자마자, 대마초 사건으로 김태원이 구속되면서 부활은 해체한다. 솔로로 전향

한 이승철은 1989년 발표한 《이승철 Part.2》1989에서 부활 1집 수록곡 〈비와 당신의 이야기〉와 〈희야〉, 2집 수록곡 〈슬픈 사슴〉과 〈회상 Ⅰ〉을 리메이크했다. 특히 〈회상 Ⅲ〉를 제목을 바꿔 부른 희대稀代의 히트곡이 바로 〈마지막 콘서트〉이다.

이후 '부활'이란 이름을 사용하지 못한다는 통보가 왔고, 김태원은 그룹 '우리세상'의 홍성석과 결성한 '게임Game'이란 이름으로 앨범 《Game 1집 Existence》1990을 발표하지만 무참히 외면당한다. 이즈음부터 부활을 추종하는 많은 이들이 부활 재결성 움직임을 끊임없이 시도한다. 1993년 '작은하늘'의 보컬리스트인 고故 김재기가 부활 녹음실에 오디션을 보기위해 들어온다. 나자레스Nazareth의 〈Love Hurts〉를 한번 부르자마자 바로 영입을 해 앨범작업에 박차를 가한다. 앨범 작업이 막바지에 이를 즈음, 불의의 교통사고로 그를 떠나보낸 김태원은 고故 김재기가 연습삼아 단 한번 불렀던 〈사랑할수록〉을 그대로 앨범 《부활 Ⅲ》1993에 담는다. 그가 부른 곡은 〈소나기〉와 〈사랑할수록〉 단 두곡이었다.

〈흑백영화〉는 후렴만 고故 김재기가 부른 것을 김태원이 1·2절을 모창해 불렀다고 한다. 김태원의 부활은 이 앨범으로 1백 20만장이라는 록 앨범 사상 최고의 판매고를 기록하며 화려하게 솟아오른다. 고㈎ 김재기의 친동생 김재희를 새 보컬로 영입해 4집《Fourth 잡념에 관하여…》1995를 발표한다. 이후 4대보컬은 박완규였다. 5집《부활V 불의발견》1997에 수록된 〈Lonely Night〉의 인기를 끝으로 또다시 침체기에 빠져든다. 단 1년여 만에 박완규는 부활을 떠났다. 이후 다시 새 보컬 김기연을 영입해 6집《부활VI 理想 시선》1999을 발표하지만 제대로 활동하지 못하고 성대결절로 보컬 자리에서 물러나게 된다.

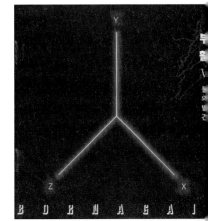

또다시 정규 7집을 준비중이던 김태원은 '신조음계'라는 그룹의 보컬 이성욱을 영입한다. 보컬 외에도 멤버 전원이 교체되는 진통을 겪은 후 탄생한, 부활 15주년 기념음반이기도 한《Color7》2000에는 그동안1집~6집 부활의 대표곡 10곡을 새롭게 다시 담아내기도 했다. 그리고 드디어 이승철과 14년 만에 재결합하고 2002년 8월 31일부터 이틀간 10억 원의 제작비가 투입된『부활과 이승철의 재결합 & 밴드 결성 15주년을 기념하는 콘서트』를 열고, 8집《새, 벽》2002을 발표해 40만장 이상의 판매고를 기록한다.

8집 활동을 끝낸 김태원은 영화 〈내 머리속의 지우개〉의 음악감독 제안을 받고 OST음반을 준비

하면서 새 보컬을 찾는다. 부활 최초로 보컬 오디션을 통해 정단이라는 보컬을 뽑게 된다. 김태원은 정단과 함께 9집 《Over The Rainbow》2003과 《내 머리속의 지우개》2004 OST앨범 작업을 하면서 〈아름다운 사실〉이라는 명곡을 탄생시킨다. 이 곡은 김태원이 시한부 선고를 받고 유작으로 만든 곡이나 병이 오진으로 밝혀지는 등 사연이 많은 곡이기도 하다.

2005년 정단의 탈퇴로 부활은 또 한번의 오디션을 통해 정동하를 만나게 된다. 정동하는 부활 데뷔 20주년을 맞은 10집 《서정》2005과 11집 《사랑》2006, 12집 Part.1 《Retrospect》2009 그리고 12집 Part.2 《Retrospect》2010, 13집 《Purple Wave》2012 까지 부활의 최장 보컬로 활동하다가 2013년 계약만료와 함께 부활을 떠나 활발한 활동을 하고 있다. 2014년, 부활 30주년을 맞아 14집의 첫 싱글 〈사랑하고 있다〉를 발표하며 부활의 10대 보컬 김동명을 세상에 공개했다. 김태원은 김동명과 함께 부활 역사의 새로운 여정旅程을 이어 갈 것이다.

30년차 국민 록 그룹 부활의 중심에는 리더 김태원이 있다. 그만의 서정적인 감수성을 바탕으로 한 부활의 결과물들은 네버 엔딩 스토리일 것이리라. 지구상의 모든 심각함이 사라지는 순간까지 음악은 필요하다던 그가 나직히 읊조린다.

"지구에는 음악이 있어서 비가 내린다…"

지구에는 음악이 있어서

비가 내린다…

가요계의 기린아 麒麟兒

김현철

Kim Hyun Chul

　1969년 서울생인 김현철은 초등학교 시절 4년여 동안을 외국에서 유년시절을 보내며, 교회성가대에서 노래와 연주를 담당했다. 언북중 3학년 때 교회성가대회 참가곡을 만들어 대상을 받기도 한다. 영동고 2학년 때는 친구들과 '아침향기'라는 밴드를 결성하고 콘서트도 한다. 당시 압구정동과 강남 일대에서 여고생들 사이에서 큰 인기를 얻었는데, 여기서 발표한 자작곡들을 B급 테이프로 만들어 팔기도 했다. 이 때 만든 〈아침향기〉라는 곡은 그의 데뷔 앨범 《김현철 VOL.1》1989에도 실려있기도 하다.

　천재 소년의 비범한 등장은 1988년 동아기획의 명품 컴필레이션 앨범 《우리 노래 전시회 vol.3》1988에서였다. 그는 여기에 키보드 주자로 참여하면서 박학기의 〈계절은 이렇게 내리네〉의 작사 · 작곡자로 이름을 올렸는데, 당시 그의 나이 열아홉 살에 불과했다. 이듬해인 1989년 봄 발표된 박학기의 데뷔앨범 《박학기 1집》1989은 스무 살 청년이 된 김현철의 당당한 출사표였다. 〈계절은 이렇게 내리네〉

가 정식으로 다시 실렸고, 수록곡 중 타이틀곡 〈이미 그댄〉을 비롯해 〈나른한 오후〉, 〈여름을 지나는 바람〉, 〈북강변〉 등 무려 다섯 곡이 김현철의 작품이었다. 그리고 그 해 가을 발표되어 장필순의 이름을 세상에 알린 《장필순 1집》1989의 〈어느새〉와, 듀엣으로 함께 노래했던 〈잊지 말기로 해〉 역시 김현철의 곡이었다.

마침내 김현철의 음악세계에 결정적 영향을 준 조동익의 도움으로 동아기획의 김영으로부터 앨범 제작을 제의 받는다. 그는 자신감으로 상당액의 계약금을 요구해 관철시키고 이내 곧 거장의 행보를 시작한다. 1980년대 대중가요의 르네상스기를 지나 90년대라는 절정을 향해 치닫던 가요계가 환희에 찬 가쁜 숨을 몰아쉬던 80년대의 끝자락 1989년의 여름, 마침내 김현철은 대망의 솔로 데뷔앨범 《김

현철 VOL.1》1989을 발표한다. 아무리 생각해도 놀랍다고 밖에는 달리 표현할 길이 없는 참으로 비범한 등장이었다. A면 첫 곡 〈오랜만에〉로 시작해서 B면 마지막 곡 〈형〉까지 딱 8곡이 단출하게 내려앉은 이 앨범은 가요계에 큰 충격을 던졌고, 신천지를 개척했다는 찬사를 얻어냈다.

마이클 프랭스Michael Franks와 안토니오 카를로스 조빔Antonio Carlos Jobim 등의 보사노바Bossa Nova와 데이브 그루신Dave Grusin, 리 릿나워Lee Ritenour가 리드하던 GRP 사운드의 세례를 받은 김현철의 음악은 당시의 가요계로서는 경이로운 성과였다. 보사노바 리듬의 세련된 편곡으로 주목받은 〈춘천가는 기차〉는 이미 불후의 명곡 반열을 예약하고 있었고 〈오랜만에〉, 〈동네〉, 〈비가 와〉 등도 매력 충만한 곡들이었다. 이 놀라운 데뷔앨범 단 한 장으로 김현철은 단숨에 '봄여름가을겨울'과 함께 한국형 퓨전 재즈 사운드를 이끌 선두주자로 격상되었음은 물론이다.

그러나, 1990년 5월, 콘서트 연습을 끝내고 집으로 가던 김현철은 운전 중 도로 위에서 뇌경색을 일으키며 대형 교통사고를 당한다. 이후 2년 여의 불운의 세월이 흘러갔다. 그리고 김현철은 돌아왔다. 1992년 5월, 김현철^{키보드}은 조동익^{베이스}, 함춘호^{기타}, 손진태^{기타}와 함께 한 프로젝트 그룹 '야샤^{Yasha}'로 활동을 재개한다. 야샤의 앨범 《Yasah Collection》₁₉₉₂은 네 사람이 각각 두 곡씩 작곡한 고급스런 연주곡들로 채워진 독특한 콘셉트의 앨범이었다.

이들 네 사람의 협업체제는 이어진 김현철 2집 《32℃ 여름》₁₉₉₂으로 그대로 연결되었다. 이밖에도 배수연, 이정식 등의 실력파 뮤지션들이 대거 참여하고 있었다. 그리고 무엇보다도 전곡에 코러스로 참여하면서 수록곡 〈나나나〉의 공동 작곡가로도 나선 조규찬의 조력이 눈에 띄는 점이었다. 타이틀곡 〈그런대로〉를 비롯해 〈32℃ 여름〉, 〈까만 치마를 입고〉, 〈연습실에서〉 등의 곡과 '야샤'의 앨범에도 실렸던 연주곡 〈눈싸움하던 아이들〉이 다시 수록된 2집은 1집에 비해 전체적으로 리

얼마나 낭만적인가
신승훈 / 양희은 / 이승철 / 부활 김태원 / 김현철

들감이 한층 강화된 가운데 더욱 화려해진 편곡을 선보였다. 김현철은 자신의 지향점을 보다 명확히 하면서 음악적으로 한껏 욕심을 부리고 있었다.

2집은 1집만큼 큰 임팩트를 주지 못했고 평단이나 대중의 평가도 아쉬운 수준이었지만 뜻하지 않은 긴 공백을 딛고 돌아온 재기작으로서는 박수를 쳐주기에 전혀 부족함이 없었다. 이 앨범은 그의 3집 《횡계에서 돌아오는 저녁》1993의 대중적인 성공을 가져다주는 촉매제 역할을 한다. 같은 해에 이현승 감독의 영화 《그대안의 블루》1993의 스코어 작업을 한다. 대학 선배인 이 감독과의 인연은 그 후로도 계속 〈네온 속으로 노을지다〉1994와 〈시월애〉2000의 음악 작업으로 이어진다.

이소라와 함께 한 〈그대안의 블루〉가 히트곡 선상에 오르며 〈횡계에서 돌아오는 저녁〉이라는 연주곡을 정면에 배치한 그의 3집에선 〈달의 몰락〉이 차트의 정상권에 오르며, 그를 인기 가수의 반열로 끌어올린다. 계속해서 〈왜그래〉의 4집 《김현철 IV》1995과 〈일생을〉의 5집 《冬夜冬朝동야동조》1996, 〈거짓말도 보여요〉의 《김현철 6집》1998으로 꾸준한 히트곡 메이커로서의 대중적 입지를 누리며 이문세·이소라·장혜진·임상아 등의 앨범을 프로듀싱한다.

이 무렵 그가 손댄 음반은 대중적인 성공도 함께 이끌어내며 당대 가장 주목받는 프로듀서로서 진가를 굳히게 된다. 이승환과의 공동제작으로 1999년 발표한 7집 《어느 누구를 사랑한다는건 미친짓이야》1999에서는 김현철 특유의 세련된 멜로디와 섬세한 가사로 지금까지도 많은 이들의 사랑을 받는 명곡인 〈연애〉가 공전의 히트를 기록하기도 한다.

이후 2년여 동안의 제작과정을 거친 8집 《…그리고 김현철》2002을 발표한다. 애즈원·박효신·롤러코스터·박완규·지영선·옥주현·불독맨션·이소정·윤

...그리고 김현철

상 · 김광진 · 봄여름가을겨울 등 12팀과의 듀엣곡과 연주곡으로 이루어진 12곡. 그리고 솔로가창으로 타이틀곡인 〈Loving You〉가 독창적이며 파격적으로 채워진 앨범이었다. 몇 개월 후인 6월에 결혼 날짜를 미리 잡아놓고 아예 아내에게 불러준다는 생각으로 만들었던 앨범이라고 한다.

김현철의 신작앨범은 여전히 자신들의 팬들에게 외면당하지 않고 절정의 인기를 구가했다. 한동안 아이들을 위한 대중음악인 키즈 팝Kid's Pop으로 활동하던 김현철은 2006년 자신의 오랜 음악세계로 돌아와 연인들을 위한 듀엣 곡 시리즈를 발표했다. 실력파 가수 거미 · 차지연 · 김연우 등이 참여해 완성도를 높인《우리 이제 어떻게 하나요》2006 디지털 싱글 듀엣 시리즈였다. 그리고 정규 8집 이후 4년만에 9집 앨범《Talk about love》2006를 발표한다.

김현철의 음악적 행보가 퓨전 재즈Fusion Jazz로 시작되었다는 점과, 또 팻 매스니 Pat Metheny라는 이름을 직접 거론한다는 것을 미루어 9집에서 읽을 수 있는 한 가지 특징은 팻 메스니의 가요화라고 혹자는 평했다. 〈달의 몰락〉 이후 전성기를 맞으면서 주로 고급스러운 대중적 발라드에 심혈을 기울여왔던 것과 달리 그는 출발점으

로 돌아가 오래된 진열대에서 팻 매스니를 꺼내왔다. 첫 곡 〈Wonderful Radio〉를 비롯해 〈그 언젠가는 (유학)〉, 〈Kelly〉, 〈Espresso Macchiato〉가 그렇다.

당시 인터뷰에서 김현철은 잭 존슨Jack Johnson · 제임스 블런트James Blunt와 같은 네오 포크Neo Folk 뮤지션들의 음악이 좋아진다고, 기름기를 빼는 것이 목표라고도 했다. 이렇듯 본작은 그의 초심과 현재의 내공이 적절히 조화되어 있는 앨범이었다. 정규 9집 이후 10년이라는 시간동안 라디오 진행과 요리 프로그램 진행, 후학 양성, 회사 경영 등과 동시에 최근엔 미스터리 음악쇼의 패널로도 익숙한 김현철은 몇 안되는 성공적인 가수 · 작곡가 · 프로듀서이기도 하다.

가요계의 기린아麒麟兒로 1집 앨범의 놀라운 성과는 필연적으로 그에게 거는 대중의 기대치를 한껏 높여 놓았고, 이것이 이후 김현철의 행보에 일정 정도 족쇄가 되었음은 분명해 보인다. 그의 비범한 등장을 기억하는 많은 이들은 여전히 그의 새 앨범을 기다리고 있으리라.

Part 7

비교할 수 없는…

매그넘 오퍼스Magnum Opus를 기다리다

김 수 철

Kim Soo Chul

1957년생인 그는 중2 때 어쿠스틱 기타를 잡으면서 음악과 인연을 맺게 되었다. 자연스럽게 음악을 들으며 기타 연주를 하던 그는 지미 핸드릭스Jimi Hendrix의 음악에 심취해 일렉트릭 기타로 전향한 후 C.C.RCreedence Clearwater Revival, 그랜드 펑크Grand Funk, 제임스 갱James Gang, 딥 퍼플Deep Purple을 카피하면서 속주의 묘미를 느껴갔다. 이미 중3 때부터 작곡을 시작했던 김수철은 '작은거인' 시절 대부분의 곡들이 거의 이 시기에 작곡됐을 정도로 작곡 능력에도 천재성을 보였다. 그리고 '파이어 팍스Fire Fox'라는 그룹을 만들어 미8군 무대에 진출한다. 광운대 진학 후엔 핑크 플로이드Pink Floyd를 비롯한 프로그레시브 록에 빠져들어 '퀘스천Question'이란 그룹을 결성해 TBC 연포가요제에 출전하기도 한다.

1978년 당시 각 대학에서 쟁쟁한 실력을 갖춘 젊은이들로 결성된 '작은거인'은 김수철리드기타 · 보컬, 김근성건반, 정원모베이스, 최수일드럼이 멤버였다. 이들은 겨울 두 달간 오직 라면 두 박스로 합숙훈련을 하고, 같은 해 '작은거인'으로 전국 대학

축제 경연대회에 출전해 〈일곱색깔 무지개〉로 그룹부문 대상을 수상하면서 대중에 알려지게 된다.

　록그룹 '작은거인'은 뛰어난 연주실력과 음악성으로 1979년 1집《작은거인의 넋두리》, 1981년 2집《작은거인》을 발표해 당대 젊은이들의 많은 사랑을 받았다. 특히 2집《작은거인》은 군 입대와 졸업으로 떠난 멤버들을 대신해 최수일^{드럼}만 남기고 김수철 혼자 기타 · 베이스 · 건반을 담당하며 전곡을 작사 · 작곡하는 가공할 능력을 보여준다. 본작은 머지않은 미래에 김수철의 숙원인 원맨밴드^{One Man Band}의 실체를 예견하는 듯 했다.

　〈새야〉와 〈일곱색깔 무지개〉 등 격정적인 하드 록 풍의 사운드와 록음악을 중심으로 한 포크 발라드, 소울재즈, 재즈 록 등 도전적인 의욕으로 가득 차 있는 2집은 디스토션^{distortion}이 짙게 어린 김수철의 기타 사운드와 연주, 그리고 당시 국내의 낙후된 녹음 수준이라는 걸림돌을 일본의 레코딩 엔지니어인 지다가와 마사토^{Gidagawa Masato}를 초빙해 녹음하는 정면돌파로 해결해 버린다. 멀티채널 레코
딩이라는 개념과 특성을 잘 살린 80년대 초반 한국 록의 마스터피스 중 하나이다.

'작은거인'의 거대한 발자국은 이것으로 끝이 나게 된다. 팀 해체와 보수적인
부친의 음악활동 반대로 대학원 진학 후 음악활동과 결별하는 의미에서 발표한
솔로 1집《작은거인 김수철》1983을 공개한다. 〈못다핀 꽃한송이〉, 〈별리〉, 〈정녕 그
대를〉, 〈내일〉, 〈다시는 사랑을 안할테야〉 등 앨범 전곡이 공전의 히트를 기록한다.
그의 음악적 재능에 대한 대중의 환호는 그로 하여금 다시 음악의 길로 돌아오게
한 것이었다. 2집《작은거인 김수철 2》1984의 〈왜 모르시나〉, 〈젊은 그대〉, 〈나도야
간다〉 까지 파죽지세破竹之勢의 상승세로 인기의 정점에 서게 된다.

당시 김수철은 1984년부터 1986년까지 3년간 각 방송국의 연말 가수상을 휩
쓸며 최정상의 인기를 구가한다. 1983년 우연한 계기로 출연한 영화 '고래사냥'에
병태역으로, 이듬해 백상예술대상 신인상을 수상할 만큼 영화까지 영역을 넓히며
스타로서 전성기를 누린다. 특히나, 영화 '고래사냥'의 음악작업은 그에게 있어 김
수철 개인의 영화음악사를 따로 쓰게 할 만큼 많은 영화음악 활동의 시작을 알리
는 모티브가 되었다.

1984년 부친의 별세 후 관심을 두고 있던 '우리의 소리'를 하기 위해 혼자 익혀
온 국악을 더 본격적으로 공부하기 시작한다. 1986년 4집《영화음악 '하나'》에서
는 국악가요를 다시 시도하기 시작했다. 〈잊어버려요〉를 5개 버전으로, 〈세월은 가
네〉를 4개 버전으로 편곡하는 등 멜로디에 얽매이지 않는 변화무쌍한 편곡능력을
펼쳐 보였다. 그는 또 이 시기에 여러 편의 영화 · 드라마 · 연극 음악을 작곡하였다.
〈고래사냥 Ⅰ · Ⅱ〉, 〈허튼소리〉, 〈TV드라마 음악〉, 〈노다지〉 등이 그 예시로 김수철
의 '우리의 소리'의 현대화 노력이 깃들인 작품들이었다.

비교할 수 없는…
김수철 / 김건모 / 장사익 / 정태춘 / 한영애 / 봄여름가을겨울

블 리
어쩌면좋아

黃天길

김수철

ONE MAN BAND

KIM SOO CHUL

팔만대장경
pal man dae jang kyung
composed by kimsoochul

31회 대종상

서
편
제

SOPYONGE

감독·임권택

작곡·편곡·김수철

kimsoochul
기타산조
Guitar Sanjo
featuring 2002 Korea/Japan World Cup Music

더불어 86아시안게임 전야제의 피날레finale 음악을 맡으며 그 때까지 생소했던 국악과 록의 조화를 보여주었다. 이 곡부터 "기타 산조"라는 연주곡 작업이 시작되어, 오늘날 기타 산조라는 말의 효시는 김수철의 기타산조에서 시작되었다. 이듬해인 1987년《김수철 제5집》과《김수철 6집》의 상업적 실패와는 무관하게 음악과 우리소리의 현대화에 음악적 능력을 펼치며 계속 영화음악을 만들어 내는 한편, 1987년 제9회 대한민국 무용제 대상 작품 '0의 세계'를 작곡하는 등 무용음악 작곡도 하였다. 같은 해 김수철 최초의 국악음반《金秀哲》1987이 발표되었으나, 불과 몇 백장 밖에 판매가 되지 않는 대중적 참패를 맛보게 된다.

86아시안게임 전야제 음악의 호평에 힘입어 국내 대중음악인으로는 유일하게 1988년 서울올림픽 전야제의 음악감독 및 작곡을 맡아 우리 고유의 소리와 첨단 신디사이저를 조화시켜, 특수효과를 살린 불꽃축제와 함께 피날레를 장식하였고, 이는《88서울올림픽음악》1988으로도 발표되었다.

1989년, 이미 그룹 '작은거인' 시절인 1981년, 〈별리〉와 같은 곡을 통해 국악과 가요의 접목을 일찌감치 시도한 바 있었던 그가 낮에는 방송과 연주활동을, 밤에는 짬을 내어 거문고, 가야금 · 아쟁 · 피리 등 국악기를 연마하는 주경야독晝耕夜讀의 시간을 이어가며 서서히 소리에 눈을 떠가기 시작했다. 그러한 노력은 〈풍물〉을 포함해 1984년부터 1987년 사이에 작곡된 8곡을 묶어 발표한 앨범《황천길》1989로 결실을 맺는다. 참담한 상업적 실패와는 별개로 이 음반은 이후 '명반'의 반열班列에 당당히 오른다.

1990년 국내에서는 처음으로 시도된, 작곡과 편곡은 물론, 드럼 · 기타 · 베이스 · 건반 · 노래까지 레코딩의 전 과정을 한사람이 도맡아 하는 1인 10역의 기념비적 음반《One Man Band》1989 앨범을 발표하고, 수록곡 〈정신차려〉, 〈언제나 타

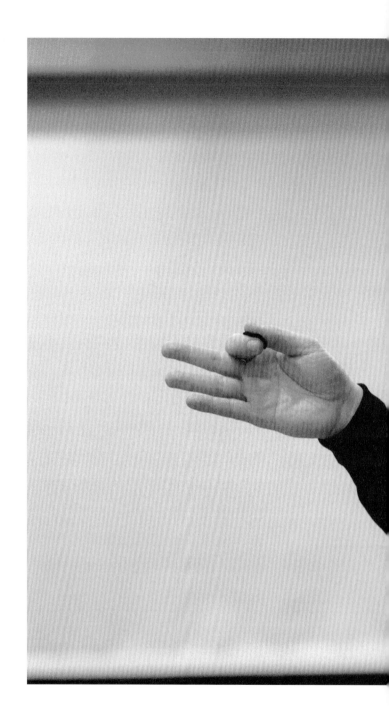

비교할 수 없는…
김수철 / 김건모 / 장사익 / 정태춘 / 한영애 / 봄여름가을겨울

인〉 등이 대중적 인기를 모은다. 1991년은 9집《난 어디로》1991발매와 영화음악 및 드라마음악 작곡, 기타산조 공연들이 왕성하게 펼쳐진 한 해였다. 이때부터 김수철은 국내 영화음악계에서 가장 높은 작곡료를 받는 이 중 하나가 되었다.

1993년《서편제》OST를 발표하며 70만장 이상의 판매를 기록, 국내 OST 음반과 국악음반 사상 최고의 판매고를 기록하며 '서편제 신드롬'을 몰고 오기도 한다. 이어《태백산맥》1994,《축제》1996,《창娼》1997 등의 OST를 계속 선보이며 영화음악의 거장으로서의 면모를 갖춰가기에 이른다. 1998년 4월《팔만대장경 pal·man·dae·jang·kyung》을 발표하는데, 이는 1995년 팔만대장경의 유네스코 세계문화유산 지정을 계기로 본격화한 음반화 작업으로 김수철이 80년부터 18년동안 추구해 온 '우리소리'의 현대화 작업의 방점傍點이었다.

이듬해에는 대중음악인으로는 국내 최초로 순수 음악상을 수상하였던《불림소리Ⅰ》1992의 연작 시리즈 중 두 번째《불림소리Ⅱ · The Sound Of Invocation Ⅱ》1999를 발표한다. 2000년 시드니올림픽 남북 공동 입장 및 공동 응원에 감동을 받아, 김수철은 남과 북이 한마음으로 부를 수 있는 바램으로〈우리는 하나, One Korea!〉를 작곡하였다. 2002 한 · 일 월드컵 개막식 문화행사의 음악감독 및 작곡현대음악 부문을 맡았으며, 개막식 행사에서 오케스트라와 함께 직접〈기타산조〉연주를 보여주었다.

2002년 여름 12년만의 정규앨범《Pops & Rock》2002을 들고 대중앞에 돌아왔다. 고故 신해철 · 김윤아 · 박미경 · 장혜진 · 이상은 등의 실력파 후배 가수들이 객원 싱어로 참여한 점과 타이틀곡 M/V에 안성기 · 이미숙 등과 함께 20년 만에 영화 '고래사냥' 멤버들이 다시 모여서 영상을 찍어 화제가 되었다. 같은 해 가을에는 김수철의 작곡, 연주로 기타산조 솔로 및 기타산조와 대금, 가야금, 장고 등

의 국악기와의 협주곡으로 만들어진 《기타산조^{Guitar Sanjo}》2002를 발표했다. 서양악기인 전기기타의 다양한 연주기법을 활용하여 우리의 가락인 산조^{散調}를 작곡 · 연주한 것으로 김수철에 의해 처음으로 시도되었고 새로운 장르로 탄생한 것이다.

2004년 '작은거인' 이후 20년 만에 밴드를 결성하여 왕성한 공연 활동을 하고 있으며, 2007년 데뷔 30주년을 맞아 기념콘서트로 대중들과의 만남을 이어가고 있다. 2010년에는 영화 '구르믈 버서난 달처럼'의 음악을 맡아 제천국제음악영화제에서 음악상을 수상하며 다시한번 영화음악의 거장으로서의 존재감을 여실히 드러내기도 했다. 몇 해 전 페스티벌에서의 무대를 뒤로한 후 좀처럼 이 거인을 볼 수가 없었다. 오래전부터 대중성을 떠나 음악성과 실험성에 깊이 빠져있었던 이 거인의 꿈은 동 · 서양 사람들 모두에게 감동을 줄 수 있는 음악을 만들고자 했으리라.

거인의 매그넘 오퍼스^{magnum opus}를 기다리는 이들은 비단 필자뿐만이 아닐 것이다.

K-소울의 파이오니어 Pioneer

김 건 모

Kim Gun Mo

무한한 흑인 감성에 재기才氣를 담아 1990년대를 뜨겁게 달구며 현재까지 통산 1천만 장 판매고를 돌파한 몇 안되는 10 Million seller이자 국민 가수! 흡사 스티비 원더Stevie Wonder를 연상시키는 보컬 아우라Aura로 대한민국을 뒤흔든 절창絶唱 김건모!

대중적이라는 측면에서 그와 비견比肩될 수 있는 이는 동시대의 신승훈과 서태지, 그리고 80년대의 조용필 정도밖에 없을 만큼 그가 이룬 상업적인 성과는 말로 다할 수 없다.

1968년 부산생인 김건모는 4살 때부터 옆집 피아노 학원의 소리를 듣고 이내 피아노를 치기 시작할 만큼 음악적 재능을 보이며, 화곡 중·고교 시절 유독 음악 과목만 좋은 점수를 받았다. 중학교 때부터 노래와 작·편곡에 관심을 갖기 시작한 그는 1986년 서울예대 국악과에 진학한다. 당시에는 실용음악과가 없었기 때문이기도 했고 선배인 가수 박미경 때문에 국악과를 선택했다고 한다.

박미경 · 유영석 · 김혜림 등과 함께 통기타 동아리인 예음회 활동을 하며 때와 장소를 가리지 않고, 스티비 원더Stevie Wonder의 파트 타임 러버Part Time Lover와 제임스 잉그램James Ingram의 저스트 원스Just Once 등의 노래를 즐겨 불렀다.

1988년 해군 홍보단 입대 후 음악실력을 키우며 프로의 기질을 배운다. 제대 후 1991년 '평균율'이라는 그룹의 2기 멤버로 보컬과 건반을 맡아 가요계에 입문한다. 당시 한 방송사가 주최한 콘서트에서 출연 예정이던 가수가 차질을 빚자 김건모가 무대에 오르게 되었다. 그를 눈여겨본 라인기획 매니저는 DJ 1세대로 다운타운가에서 명성을 떨치던 프로듀서 김창환을 연결시켜 주었고, 이후 라인기획 소속 가수들의 가이드 보컬과 코러스로 활동하며 김건모 시대를 열 준비를 한다.

당시 흑인음악을 기반으로 팝의 트렌드trend를 과감히 차용하던 김창환에게 김건모의 존재는 자신의 음악세계를 완성할 마지막 조각과도 같았다. 이런 연유로 훗날 이 둘의 만남을 팝의 황제 마이클 잭슨Michael Jackson과 프로듀서의 거장 퀸시 존

비교할 수 없는…
김수철 / 김건모 / 장사익 / 정태춘 / 한영애 / 봄여름가을겨울

스Quincy Jones의 만남으로 비유하기도 한다. 본래 알앤비R&B 곡인 신승훈의 〈날 울리지마〉를 제대로 부를 수 있는 가수를 찾았던 김창환은 김건모의 그루브Groove와 소울Soul을 단박에 알아본다.

김창환 사단의 가장 값진 첫 번째 열매인 신승훈 데뷔앨범의 밀리언셀러Million seller진입과 2집 앨범의 연이은 성공에 고무鼓舞된 1992년 10월, 김건모 1집 《Kim Kun Mo》1992을 발표, 히트곡을 터트리며 성공가도를 달린다. 〈잠못드는 밤 비는 내리고〉에 이은 후속곡 〈첫인상〉으로 이어진 기세는 1993년 초반 가요톱텐 5주 1위 골든컵을 수상하며 음반 판매량이 수직 상승한다. 70만 장이라는 판매와 함께 방송 3사의 신인상, 10대 가수상, 신세대 가수상을 거침없이 석권한다.

1집 때 얻은 심상치 않은 인기를 바탕으로 1993년 가을, 2집 《김건모 2》를 발표한다. 레게Reggae 리듬을 도입한 하우스 댄스곡 〈핑계〉로 단숨에 국민가수로 위상이 급상승한다. 가요톱텐 골든컵을 또 다시 차지하는 건 물론이고, 1994년 초반을 사실상 그의 독무대로 만들어버린 것이었다. 당시 발매하려던 수 많은 인기가수들의 앨범이 연이어 연기된 것은 유명한 일화 중 하나에 불과할 정도였다.

후속곡 〈혼자만의 사랑〉으로 김건모표 발라드를 보여줌과 동시에 이후 발매된 앨범마다 김건모표 발라드는 그의 음악 커리어에 있어서도 적지 않은 영향을 끼친다. 이 앨범 역시 180만 장을 기록하며 그 해 음반판매량 전체 1위와 방송3사 전체 대상 수상을 차지한다. 거의 신드롬에 가까운 인기는 이듬해 발매된 3집 《Kim Kun Mo 3》1995에서 폭발한다. 당시로서는 파격적인 빠른 비트에 말하듯 외치는 랩과 싸비후렴구의 숨 쉴틈 없는 고음 폭풍이 몰아치는 〈잘못된 만남〉이 공전절후空前絶後의 히트를 친다.

이후 90년대 말까지 대한민국에 하우스 뮤직House Music 열풍을 일으키는 발화

點發火點이 된 곡이었으며, KBS 가요톱텐 5주 1위, SBS 가요20 6주 1위, MBC 인기 가요 베스트50 4주 1위 등 전무후무한 기록도 달성한다.

후속곡인 〈아름다운 이별〉 등 수록곡 전곡들까지 라디오를 두들기며, 서태지와 아이들과 함께 가요계를 양분하다시피 한다. 당시는 김건모 비상飛上의 최절정이었고 동시에 가요계가 시장성이라는 인프라를 구축한 이래 최대치였다고 전언傳言한다.

이 무렵 수많은 각종 예능 TV프로그램에 출연하면서 '영혼없는 스티비 원더'라는 평가를 받는, 피할 수 없는 행보를 보여주기도 하지만, 그럼에도 불구하고 이 앨범은 280만 장이라는 단일 앨범 판매 사상 최고치를 기록한다. 당시 길보드불법 노점 음반상 판매량을 합치면 비공식 600만 장이라는 금자탑을 쌓아올린다.

이러한 상업적인 대성공과는 별개로 김건모의 자유분방한 성격과 김창환의 혹독한 프로듀싱과 사생활 관리 등이 부딪히며 김창환 사단과의 결별이 초읽기에 들어간다. 1995년, 뮤지션으로서 지향점을 가지고 있던 김건모는 강력한 상업성으로 호불호가 존재하던 김창환에게서 벗어나 홀로서기에 나선다.

결별 후 자기 손으로 프로듀싱한 4집 《Exchange kg. m4》1996에서는 김창환이라는 그늘을 벗어나 최준영·주영훈·윤일상 등 떠오르는 신예 작곡가들과 호흡을 맞추며 총 11곡 중 6곡의 작곡에 참여한다. 결과는 성공적이었다. 타이틀곡 〈스피드〉를 비롯해 〈빨간우산〉, 〈미련〉, 〈악몽〉까지 사랑을 받으며, 160만 장이라는 높은 판매고를 올리며, 김건모 최절정 전성기의 마무리를 짓는다.

이후 발매한 5집 《Myself》1997에서는 윤일상과 손잡고 본격적인 프로듀서로서의 행보를 보여준다. 진일보한 재즈와 소울을 기반으로 한 흑인음악의 컬러가 더욱 짙어졌다는 평단의 호평도 따랐다. 역시 총 15곡 중 6곡의 작곡에 참여한다.

〈뻐꾸기 둥지 위로 날아간 새〉로 각종 가요차트 1위를 쓸어담고, 본인의 곡인 〈사랑이 떠나가네〉 등이 히트하며 110만 장을 판매한다.

2년 후인 1999년 발매된 6집《Growing》1999은 그의 명성에 걸맞지 않는 49만 장에 불과한 저조한 판매량을 보이며 대중에게는 철저하게 외면을 받는다. 역시 총 13곡 중 6곡의 작사·작곡에 참여한 6집은 데뷔 최초로 1위곡 배출에 실패한 앨범이며, 밀리언셀러의 자리에서도 내려오게 되는 불명예를 안겨준다.

그는 고심 끝에 선택을 하게 된다. 4집 때 호흡을 맞추었던 최준영과 함께 대중성을 극한極限으로 끌어올린 7집《#007 Another Days…》2001을 통해 제2의 전성기를 맞는다. 〈미안해요〉와 〈짱가〉, 〈Double〉, 〈빗속의 여인〉까지 크게 인기를 얻으며, 140만 장이라는 높은 판매고를 다시금 이뤄낸다. 활발한 방송활동과 함께 그 해 지.오.디god에 이어 음반판매량 2위에 당당하게 자리한다.

2년 후 8집《Hestory》2003에서는 전작 〈미안해요〉에 이어지는 김건모표 발라드 〈청첩장〉, 〈짱가〉에 이어지는 코믹 후속곡 〈제비〉, 〈빗속의 여인〉에 이어지는 리메이크 〈아파트〉까지 지나치게 대중성을 의식한 앨범이었지만, 자전적 가사가 담긴 〈My Son〉은 높은 평가를 받았다.

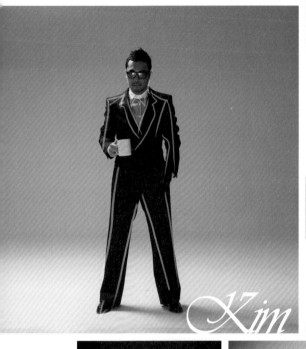

Kim Gun Mo

음반 산업의 침체 속에서도 2003년 전체 음반판매량 1위를 달성한다. 50만여 장의 판매고를 기록하면서 하프 밀리언셀러Half Million seller가 된다. 이듬해 발매된 9집《Kimgunmo.9》2004이 전작의 십분의 일 수준으로 판매량이 줄고 타이틀곡도 완전히 묻히게 되자 방송활동 은퇴 선언을 번복하고 방송에 복귀한다. 그리고 발표한 10집《Be Like…》2005는 김건모의 팬들이나 평론가들에게 이견異見 없이 완벽한 앨범으로 칭송받는 작품이었다. 오롯이 재즈 · 블루스 · 소울 등 흑인음악 장르 본연에 가까운 농도 짙은 곡들 뿐이었다.

김건모 역대 앨범 커리어Career 중 최고의 역작인 〈서울의 달〉을 포함한 10곡이 자리하고 있는 비운의 명반이다. 지리멸렬한 음반 생태계 속에서 계속되는 좌절 속에 11집《허수아비》2007을 거쳐, 다시 김창환에게 돌아가 프로듀싱을 맡기는 초강수를 둔다. 김창환과 김건모 결별 13년만에 재 결합 앨범 12집《Soul Groove》2008을 발매했지만 시간의 수레바퀴를 돌리기에는 역부족이었다. 5만여 장의 판매고를 기록했을 뿐이었다.

2012년, 김건모의 데뷔 20주년을 맞아 정규 13집을 포함해 지금까지의 김건모 노래들을 장르별로 묶은《自敍傳 & Best》2012를 5장의 CD로 넘버링 한정판 Numbering Limited Edition 으로 발매했다. 그리고 2014년 10월, 정규 14집을 발표할 예정이었으나 건강상 등의 이유로 앨범 작업이 연기되었다는 소식을 접했다.

얼마전 2016년 11월 중순, 〈다 당신 덕분이라오〉 신곡 1곡과 기존 곡을 리마스터링remastering해 듀엣으로 나눠 부른 미니앨범《50》2016으로 돌아왔다. 데뷔 이후 26년 간 단순히 유행만을 좇아가지 않으며, 대한민국 가요계를 풍성하게 만들었던 K-소울Soul의 개척자! 김건모.

안데르센Andersen 동화 속 극적 반전 요소는 우리 대중음악계에서도 기꺼이 입증되었다. 까만 미운 오리 새끼는 백조였다는 사실 말이다.

꽃인 듯 눈물인 듯,
국악 예인藝人

—

장사익

Jang Sa Ik

　거스를 수 없는 촛불 민심은 여전히 뜨거웠다. 대한민국 현대사에서 가장 뜨거운 170만 여 개의 촛불의 시작은 광화문 앞이었지만 끝은 어디인지 가늠조차 할 수 없었다. 상처 많은 꽃잎들이 가장 향기롭다는 정호승 시인의 싯구詩句처럼 2016년 12월, 광화문의 인파人波는 어떤 꽃 향기보다도 진했다. 마치 '꽃인 듯 눈물인 듯' 싶었다. 목놓아 울었고 노래하며 울었다. 찔레꽃처럼 울었고 찔레꽃처럼 노래했다.

　마흔이 넘어서야 비로소 꽃을 피운 예인藝人 장사익은 음악 인생을 국악에서 시작해 가수 대신 소리꾼으로 불린다. 장사익은 곡 하나에도 판소리부터 오페라opera · 트로트trot · 칸초네canzone · 샹송chanson · 불교의 범패梵唄에 이르기까지 다양한 장르적 특성을 품어, 그의 노래는 말 그대로 '장사익 스타일'이며, 가장 한국적인 목소리를 낸다.

　1949년생인 그는 충남 홍성군 광천읍 돼지장수의 아들로 태어났다. 국회의원을 꿈꾸던 그는 초등학교 때 매일 산에 올라 고래고래 소리치며 웅변雄辯 연습을 하

며 목청을 틔운다. 생계를 위해 상업고등학교를 다니며 남진 · 나훈아 같은 가수
가 되기 위해 가요학원에서 발성연습부터 시작해 대중음악의 기술적인 부분을 수
련 받는다. 이후 군에 입대한 뒤에는 문선대에서 기초부터 자세히 노래를 배웠다.

　그는 고교 졸업 후 45세까지 무려 15가지 직업을 전전했다. 딸기장수 · 보험회
사 직원 · 외판원 · 경리과장 · 카센터 직원 등 안 해본 일이 없었지만 음악을 향한
갈망渴望은 이어졌다. 훗날 장사익은 젊은 시절 객지에서 생업을 유지하는 그 고단
함이 노래를 향한 간절한 희망의 에너지가 되었다고 했다.

　어린 시절 들었던 동네 할아버지의 태평소 소리를 잊지 못했던 그는 1980년부
터 아마추어 국악단체 한소리회에 가입한다. 거기서 그는 먼저 단소와 피리를 배
우고, 1986년 초부터는 명인 원장현에게 대금과 태평소를, 강영근에게 정악피리
를 본격적으로 배우기 시작한다.

　카센터를 운영했던 장사익은 자신의 꿈을 채 펴보지도 못하고 스러지는 인생

비교할 수 없는…
김수철 / 김건모 / 장사익 / 정태춘 / 한영애 / 봄여름가을겨울

이 안타까워 3년간 만 음악을 해보기로 결심한다. 그렇게 태평소에만 매달린 장사익은 1993년, 그가 속한 공주농악과 금산농악이 전주대사습놀이에서 차례로 장원을 받는다. 또한 이듬해 KBS국악대제전 뜬쇠사물놀이에서 대통령상을 거머쥔 그는 사물놀이패 이광수와 노름마치에서 태평소를 불며 태평소 연주자로 명성을 떨치기 시작한다. 장구잽이^{장구}와 날라리^{태평소}로 충남 광천 쪽에서 명자깨나 날린 아버지와 삼촌 등의 피가 고스란히 그에게로 전해진 때문이었으리라. 바로 이 당시에 그는 서태지와 아이들의 라이브 공연에 참가해 〈하여가〉를 연주한다. —서태지와 아이들 2집₁₉₉₃ '하여가' 녹음에 참여한 이는 김덕수 사물놀이패이고, 장사익의 연주는 서태지와 아이들 '93 마지막 축제 라이브'₁₉₉₄ 음반에 수록되어있다.— 이 태평소 연주 때문에 심지어 KBS 1FM의 국악 전문 프로그램에서 〈하여가〉를 방송하는 드문 일까지 생겼다.

그리고는 1994년 어느 날 사물놀이패 공연이 끝난 후 피아니스트 임동창의 반주에 맞춰 〈대전 블루스〉와 〈봄비〉, 〈동백아가씨〉, 〈님은 먼 곳에〉 등을 연이어 부르자 그 자리에 있었던 사람들은 넋을 놓고 그의 노래를 들었다. 이후 지인들의 성화에 못 이겨 딱 한 번만 노래를 해보자는 생각으로 마이크를 잡는다. 1994년 11월, 신촌의 소극장에서 국악과 대중가요를 접목한 첫 무대를 마련했다. 당시 1백석 규모의 공연장에 4백여 명이 몰렸고, 이틀 동안 무려 8백여 명이 그의 공연을 찾았다.

당시 이광수 · 서유석 · 임동창 등과 교류하던 장사익은 그들의 등쌀에 떠밀려 녹음실에 들어간 지 여섯 시간만에 녹음한 데뷔앨범 《하늘 가는 길》₁₉₉₅를 발표한다. 그의 나이 마흔 다섯이 되던 해였다. 장사익의 시그니처 송^{signature song}이자 자전적 이야기인 〈찔레꽃〉 후렴구의 절창^{絶唱}에 놀라고, 마지막 트랙인 〈봄비〉에서 넋을 놓게하는 그야말로 수록곡 10곡 모두 보석같은 앨범이었다. 한 서린 절창으로 우리를 담금질하고 있는 장사익을 세상 밖으로 불러 낸 피아니스트 임동창의 물결같은 연주는 그의 목소리와 팽팽하게 맞서며 앨범에 긴장감을 불어넣고 있다.

당시 평론가 강헌은 장사익을 세기말世紀末의 위안慰安같은 존재라고 표현했고, 이 비평을 접한 수용자들은 하나 둘씩 장사익의 음반을 찾기 시작했다. 이는 비평이 발견의 기쁨을 제공할 수 있다는 긍정적인 하나의 예시의 증거가 된 사건이었다.

1996년 11월 24일, 데뷔 2년 만에 세종문화회관 대극장에서의 공연, 「장사익 소리판 하늘가는 길」을 매진시켰다. 애절하게 치솟는 고음에 절절함을 얹은 소리는 듣는 이들의 눈물샘을 자극하고도 남았다. 이를 시작으로 무려 열 한 차례나 같은 곳에서 매진공연을 이어가기에 이른다. 조금씩 알려지기 시작한 장사익은 1997년 TV드라마 「임꺽정」에서 임꺽정의 삶을 마치 그의 인생으로 치환해 부른 듯한 〈강물처럼 흘러서〉, 〈티끌같은 세상, 이슬같은 인생〉 등의 주제가를 부르고, 같은 해 자신의 두 번째 앨범 《기침》1997을 내 놓는다. 국악과 재즈를 넘나드는 이 앨범에서는 동해안 무속음악의 장단을 붙인 〈삼식이〉 등 시인 신배승과 정성균의 시에 곡을 붙인 신곡과 그가 즐겨 부르던 〈아리랑〉, 〈비 내리는 고모령〉, 〈대전 블루스〉 등이 수록되어 세파를 넘어선 인생 선배의 목소리로 우리를 위로하고 있었다.

이후 도시락특공대 2집 《圖時樂特功隊 2 Behind Story》2000에서 〈삼식이〉를 다시 부르고, 이정식의 앨범 《화두》2000에서 〈희망가〉로 참여한 그는 '행복을 뿌리는 판'이라는 기획사를 열어 국악 공연 기획을 시작한다. 그즈음 시인 정호승의 시에 중모리장단과 경기도 지역의 무속 고유의 장단인 푸살을 붙인 3집 《허허바다》2000를 발표한다. 그의 오랜 친구들과 함께 한 이 앨범에서는 과거 잘 부르던 〈댄서의 순정〉, 〈타향살이〉, 〈동백아가씨〉 등 9곡이 수록되어 있고 여전히 지나온 삶의 여정들을 목소리만으로 배출하고 있었다.

비교할 수 없는…
김수철 / 김건모 / 장사익 / 정태춘 / 한영애 / 봄여름가을겨울

3년 후 〈여행〉서정춘 시, 〈아버지〉허형만 시, 〈낙화〉연제식 신부 시, 〈사랑니 뽑던 날〉신배승 시 등의 시에 장사익이 가락을 붙인 곡들과 자신이 직접 작사 · 작곡한 〈꿈꾸는 세상〉 등 전통 민요가락에 록 · 재즈 · 블루스 등을 가미한 크로스오버적 분위기를 담고 있는 10곡을 담은 4집《꿈꾸는 세상》2003을 발표한다.

또 다시 3년 후 생에 대한 깊은 통찰洞察이 담긴 아름다운 시들을 골라 그가 직접 엮은 새 노래들로 풍성한 5집《사람이 그리워서》2006를 발표한다. 대표곡인 〈황혼길〉은 생을 마감하는 노년의 여정을 아름답고 처절하게 그린 미당未堂 서정주의 시가 장사익 특유의 창법과 어우러져 마치 한편의 연극을 보는 듯한 전율을 불러일으킨다. 여기에 장중한 코러스와 가슴을 울리는 북소리, 애잔한 해금 선율이 한데 어우러져 빚어내는 독특한 하모니가 많은 이들의 심금을 울렸다.

이후 2년 뒤 생을 관조觀照하는 시어詩語에 국악과 대중음악의 경계에 있는 소리를 입힌 예인藝人 장사익만의 음악을 만들어 온 그의 여섯 번째 앨범《꽃구경》2008이 발표된다. 타이틀 곡 〈꽃구경〉은 꽃구경을 가자는 아들을 따라 산에 오르던 어머니가 문득 고려장임을 깨닫고 홀로 돌아갈 아들을 위해 솔잎을 뿌려 길을 표시한다는 내용으로, 무반주로 진행되는 가운데 흐느끼는 듯한 가사가 도드라지며 마음을 긁는다. 최근 유투브 조회수 2백만을 넘긴 마스카라 CF광고의 배경음악으로 회자膾炙되는 〈이게 아닌데〉가 수록된 앨범이기도 하다.

이후 2009년 5월 12일 세종문화회관대극장 공연 실황을 두 장의 CD에 라이브로 담은《따뜻한 봄날 꽃구경》2008을 발매하고, 4년 만에 7집 앨범《역驛》2012을 발표한다. 그리 평탄치 않았던 예순 중반의 여정을 시골시인이자 의사 김승기 시인의 시를 노래로 엮어 담담히 부른 〈역〉과 유장悠長한 트럼펫 소리에 깔리는 전자음과 단호한 소릿북, 코러스가 어우러져 처연하게 부른 〈모란이 피기까지는〉, 그리

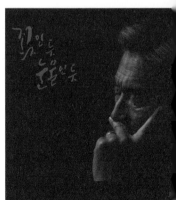

고 늘 그렇듯 장사익 특유의 감성과 해석으로 재 탄생한 기존의 가요들까지 총 9곡이 담겼다.

이후 2014년 장사익의 20주년 기념음반이기도 한 8집 《꽃인 듯 눈물인 듯》2014을 발표했다. 마종기 시인의 시에 곡을 입힌 〈상처〉, 3년 전에 불렀지만 녹음을 하지 않았던 〈반갑고 고맙고 기쁘다〉, 그리고 「꽃인 듯 눈물인 듯」이란 앨범의 타이틀을 품은 김춘수의 〈서풍부西風賦〉, 어려서 청각을 잃은 그의 60대 팬이 소개해 준 이현주 시인의 시에 곡을 붙인 노래 〈우리는 서로 만나 무얼 버릴까〉 등 강산이 두 번 바뀔 만큼의 세월을 노래꾼으로 지내온 장사익의 삶에 대한 따스한 관조와 아직 다 터뜨리지 못한 열정과 소박한 희망이 담겨 있었다.

이듬해인 2015년 3월, KBS공사 창립특집 콘서트 '이미자 · 장사익' 무대에 관객은 열광했다. 사회자도 없이 두 사람만의 단독 무대로 꾸며진 이 가요프로그램은 이례적으로 20%의 시청률을 기록하며 화제를 모았다. 그 해 연말 성대에 손가락 한 마디 만한 혹이 있다는 진단을 받고는 잠시 노래하는 것을 멈추고 작년 2월에 수술을 받았다. 이후엔 긴 재활치료가 이어졌다. 그러던 그가 다시 노래를 하게 되었다. 가수 인생의 2막을 시작하게 된 것이다. 단숨에 매료되는 장사익의 노래들은 전통민요의 가락과 정서를 현대적으로 재창작한 대표적인 예이며, 소리가 실종되고 음향만 남은 가요판에서 대중음악과 전통음악 사이의 경계를 허문 독창적인 우리 시대의 서정敍情임에는 틀림없다.

그의 〈찔레꽃〉이 가슴을 후비는 혼용무도昏庸無道의 —무능하고 어리석은 군주를 뜻하는 혼군昏君과 용군庸君을 함께 가리키는 혼용昏庸과 세상이 어지러워 도리가 제대로 행해지지 않음을 의미하는 《논어》의 천하무도天下無道를 합쳐 만든 사자성어— 계절이다.

음유시인에서
투쟁하는 가객으로…
—

정 태 춘

　최근 밥 딜런^{Bob Dylan}의 2016 노벨문학상 수상과 관련한 많은 이야기들 중, 밥 딜런이 탔으니 다음엔 우리나라 음유시인 정태춘도 가능하다는 최광임 시인의 말에 필자 역시 전적으로 동감한다. 시보다 더 시적인 가사와 음률^{音律}, 그리고 시보다 더 서정적인 서정성, 때로는 화두^{話頭}를 던져주기고 하고, 때로는 사회 참여정신을 대중에게 불지피기도 했던, 노래하는 시인^{詩人}에서 투쟁하는 가객^{歌客}으로 대중음악계에 올립^{兀立}한 정태춘의 노래 가사와 곡조^{曲調}는 그 시절의 밥 딜런에게 전혀 뒤지지 않음은 물론이고 때로는 능가했다. 특히나 협잡과 추문^{醜聞}이 무성한 작금^{昨今}의 시대. 지금 광화문에는 정태춘의 노래가 필요하리라.

　1954년 경기도 평택에서 5남3녀 중 일곱째로 태어났다. 그는 국민학교 5학년 때 큰 매형이 구해 온 기타를 처음 접하고 틈만 있으면 가지고 놀았다. 당시 악보를 볼 줄 몰랐지만 한 번 들은 노래는 기타로 선율을 연주할 수 있었다고 한다. 이것이 정태춘의 시작이었다. 중학교 입학 후 넷째 형의 권유로 현악반에 들어가 바이

올린을 배우게 된다. 하지만 고등학교 2학년 때 현악반은 밴드부로 바뀌며 공부는 뒷전으로 미루고 방황을 시작하게 된다. 첫 해 대학진학을 포기한 후 서울에 있는 셋째형과 함께 자취를 하면서 재수를 한다. 본격적으로 음대 진학을 위해 당시 을지로 6가에 있었던 서울대 음대에서 정식 레슨을 받으며 재수생활을 시작하지만 사춘기의 열병과 염세주의厭世主義에 빠져 재수생활을 때려치우고 짐을 싼다. 이후 밀양 · 목포 · 울릉도 · 제주도 등으로 가출을 하기도 한다. 이 무렵부터 그의 초기 곡들이 탄생하기 시작한다.

1975년 입대 후 군복무를 하면서 〈시인의 마을〉, 〈사랑하고 싶소〉, 〈서해에서〉, 〈木浦의 노래여드레 팔십리〉 등 많은 곡들을 쓴다. 1978년 6월 제대한 그는 입대 전부터 안면이 있던 경음악 평론가 최경식의 소개로 서라벌레코드사를 통해 그 해 11월, 첫 음반《詩人의 마을》1978을 발매한다. 좋은 반응으로 음반사로부터 매달 생활비를 받으며 당시 신인가수였던 박은옥을 만나 연애를 시작하기도 한다. 연인

박은옥의 첫 앨범 《회상》1978에도 전곡을 작사·작곡 한다. 〈시인의 마을〉과 〈촛불〉이 히트하면서 1979년 MBC 신인가수상과 TBC 방송가요대상 작사부문상을 받기에 이르렀다. 그리곤 1980년 박은옥과 결혼한다.

현재까지도 많은 이들의 입에서 흥얼거려지는 그의 초창기 대표작 1집에 이어, 자신이 직접 선곡한 곡들을 수록했던 2집《사랑과 인생과 영원의 시》1980와 가야금·피리·해금 등 국악반주로 연주되어 있는 곡들인 세 번째 음반 《정태춘 제3집》1982이 철저하게 대중들에게 외면당한다. 음반사로부터 받아왔던 생활비 지급 중단과 함께 정태춘은 자신의 음악 방향에 대해 심각한 고민에 빠지게 된다. 결국 지구레코드에서 4년에 8백만원이라는 불합리한 전속계약 조건을 수락하게 된다. 박은옥과 부부 듀엣을 결성 후 정태춘·박은옥 4집·5집이라 명명된 《떠나가는 배》1984와 《북한강에서》1985를 발매해 연이은 상업적 성공을 거둔다.

1985년 1월, 부산 카톨릭센터에서 열린 '정태춘 노래마당'을 통해 몇 년간의 공백을 깨고 활동을 재개한다. 이 공연은 후에 '정태춘·박은옥의 얘기 노래 마당'으로 바뀐 후 1987년 10월까지 성공적으로 계속된다. 서울, 부산, 대구, 마산, 인천, 광주, 진주, 천안, 제주, 청주, 대전, 전주, 춘천, 원주, 울산 등 거의 전국 방방곡곡

소극장을 중심으로 하는 이 공연을 통해 전국 각지의 관객과 만나 아주 가깝게 그들과 이야기를 나누고 노래를 부르며 대중의 반응을 즉각적으로 확인할 수 있었다. 이 자리를 통해 방송이나 음반에서는 할 수 없었던 여러 이야기를 나누었으며, 이것이 진보 예술운동 진영과의 접점이기도 했다.

1988년에 발표된 《정태춘·박은옥 무진戊辰 새 노래》1988는 정태춘의 변화를 여실히 담고 있었다. 시적이며 이야기성이 강한 노래는 고향에 살지 않는 도시인의 정한情恨을 국악적인 질감에 담기도 하고 차분하고 다정한 포크 곡으로 표출되기도 했지만 현실에 대한 응시凝視와 고민도 예전보다 훨씬 또렷하게 표현하고 있다. 1987년 6월 항쟁을 거치면서 시대의 변화에 따른 음악과 사회에 대한 고민을 더욱 발전시켜 나간 것이었다. 이때부터 정태춘은 일반적인 공연장에서 벗어나 집회장에서 노래를 부르기 시작한다.

1988년 12월부터 이듬해 10월까지 진행한 노래와 영상, 국악 연주가 어우러진 공연 '송아지 송아지 누렁송아지'는 그의 변화를 단적으로 보여주는 사건으로, 민족적 주체성과 사회적 비판 정신을 노래하는 정태춘의 재탄생을 널리 알렸다. 그리고 전교조 지지 순회공연으로 이 공연이 확대되면서 정태춘은 노래운동가로 완전히 탈바꿈했다. 당시 완전히 노래운동가가 된 그의 노래는 죽창처럼 날이 서 있었다. 이러한 정태춘의 변화를 가장 선명하고 뜨겁게 담고 있는 음반이 바로 7집 《아, 대한민국…》1990이다. 그간 음악운동의 성과를 모아 새로운 음반을 내야겠다는 생각으로 새 노래들과 이전 공윤 심의에 걸려 음반화 하지 못했던 〈인사동〉 등을 담는다.

당시 한국사회의 모순을 통렬하게 비판함과 동시에 빈민층과 민족민주 열사의 삶과 정신을 아프게 위로하고 있는 이 음반은 정태춘 특유의 다변多辯이 본격화

되었음과 동시에 노래 하나 하나가 한 개의 선언문이라고 할 수 있을 정도로 직설적이고 서사적이다. 〈아, 대한민국…〉을 비롯해 총 11곡을 담고 있었음에도 심의를 통과한 곡은 〈황토강으로〉 1곡 뿐이었다. 급기야 정태춘은 부당한 음반 사전 심의 제도에 정면으로 맞선다. 그는 사전심의를 거부하고 심의를 통과하지 않은 곡까지 고스란히 음반에 담아낸다. 불법 음반을 제작한 것이다.

1993년 8집 《92년 장마, 종로에서》1993를 발표하면서, 사전심의 거부를 알리는 기자회견을 자청한다. 공윤공연윤리위원회과의 투쟁이 시작된 것이었다. 이듬해 불구속 기소되고 재판까지 회부되는 등 풍파 속에서도 그는 사전 심의제도에 대해 헌법 심의를 청구했고 결국 위헌 판정을 받아냈다. —1996년 10월 31일, 헌법재판소 재판관 전원 일치로 음반 사전심의제도를 '위헌'이라고 판결했다.— 정태춘의 싸움이 오랫동안 창작자들의 상상력을 얽어메던 족쇄와 금기를 부숴버린 것이다.

이 음반은 정태춘 개인이 도달한 정치성의 극점極點이며, 동시에 1980년대 한국 사회의 혁명정신과 민족음악운동이 함께 빚어낸 옹골찬 성과임은 자명하다. 이후 6년여만에 아내 박은옥과 함께 9집 《정동진 / 건너간다》1998를 발표했다. 한층 더 다채로운 이야기를 건네며 그들의 20주년을 노래하고 있었다.

그리고는 9집 앨범을 낸 지 4년 만에 발표한 열 번 째 앨범 《다시, 첫차를 기다리며》2002를 발표한다. 정태춘이 선험적先驗的으로 체득한 서정성과 사회적 문제의식을 담지하며 절망과 희망 사이를 넘나드는 시사적 서정성을 노래한 〈다시, 첫차를 기다리며〉, 시종 비주류인으로서의 외로움이 가득한 자기 독백 〈아치의 노래〉, 이 사회에 대한 혐오와 연민의 외침 〈오토바이 김씨〉 등 10곡이 담겨져 있었다.

2004년엔 55편의 시를 모아 시집 『노독일처老獨一處』를 발간한다. 2009년 '정태춘 · 박은옥 30주년 기념 콘서트'와 중견 미술인들이 마련한 '정태춘 · 박은옥

다시는,

다시는 시청 광장에서 눈물을 흘리지 말자.

물대포에 쓰러지지도 말자.

절망으로 무너진 가슴들 이제 다시 일어서고 있구나…

아, 대한민국…

30주년 기념 헌정 전시회'외에는 거의 두문불출杜門不出 하며 첫 개인전을 열고 사진작가로 변신한다. 그러던 그가 10집《다시, 첫차를 기다리며》이후 10년만인 지난 2012년, 부인 박은옥을 위한 헌정앨범 11집《바다로 가는 시내버스》2012를 발표한다.

정태춘은 작사 · 작곡 · 편곡 외에도 처음으로 얼후와 일렉 기타의 연주, 그리고 앨범 쟈켓과 가사지 안의 8장의 사진작품도 선보였다. 수록곡들의 멜로디 라인은 기존의 서정성에서 조금 더 차가워지고 더 가라앉았으며, 청자로 하여금 일말의 숙연함마저 불러일으키는 부부의 노래는 변함없이 훌륭했다. 그의 가사들은 문학에 더 가까워졌고, 음악은 시집에 더 가까워졌음은 필자만의 생각은 아닐 것이다.

이후 2014년, 이훈규 감독의 7개국 공공재 민영화 비교 다큐 '블랙딜Black Deal'2004의 깜짝 나레이션을 맡아 울림있는 목소리로 진정성을 더해주었다. 그리고 지금, 2016년… 정태춘이 1992년 장마, 종로에서 외치던… 부끄러운 역사는 반복되고 있었다.

"다시는, 다시는 시청 광장에서 눈물을 흘리지 말자, 물대포에 쓰러지지도 말자. 절망으로 무너진 가슴들 이제 다시 일어서고 있구나…"

아, 대한민국…

보컬 니르바나 Nirvana

한 영 애

Han Young Ae

새로운 음악이 태동하던 1970년대 중반, 신촌엔 당시 엄인호 · 이정선 · 김의철 등이 활동을 하고 있었다. 카페에서 음악을 듣고, 노래를 부르고, 그렇게 자유롭게 취미로 시작한 음악을 한영애는 직업처럼 생각하지 않았었다. 거친 특유의 허스키 보이스를 가진 한영애는, 당시 신촌 일대에서 이름을 떨치던 김의철에 의해 '해바라기' 멤버로 발탁되어 정식적인 음악세계로 발을 들여 놓기 시작한다. '해바라기'의 리더였던 김의철이 건강 악화로 탈퇴하면서 또 한 명의 거물인 이정선에게 바통을 넘긴 그룹 '해바라기'는 《해바라기 노래모음 제1집》1977과 《해바라기 노래모음 제2집》1979을 발표하였다. 그녀는 처음으로 자신의 목소리가 담긴 음반을 내게 된 것이다.

이 시기와 비슷하게 한영애는 자신의 솔로 앨범 《한영애 제1집 이정선 작 · 편곡집》1977을 내지만 상업성이 없다는 이유로 정식 발매되지 못했다. 후에 모 음반사에 의해 자신의 허락 없이 무단으로 발매 된 《한영애 제2집 작은 동산》1978 음반 역시 실패하게 된다.

비교할 수 없는…
김수철 / 김건모 / 장사익 / 정태춘 / 한영애 / 봄여름가을겨울

　　한영애는 이때 가수활동에 회의를 느끼기 시작했고, 우연한 기회에 연극무대에 제의를 받게 된다. 한영애의 연극인으로의 활동은 극단 '자유극장'에서 시작되었다. 무려 6년 동안 가수 활동을 중단한 채 연극에만 몰두했던 것이다. 그 후 3년 동안의 휴식기간을 가지며 한영애는 음악을 잊지 못해 결국 가수의 무대로 돌아 오게 된다.

　　1985년 가수 데뷔를 공언한 그녀의 첫 번째 독집 앨범《여울목》1986. 노래에 대한 인식을 달리 한 한영애 보컬의 독자적인 파워는 이때부터 그 내공을 쌓기 시작한 것으로 보인다. 포크 성향의 기존의 이미지를 간직한 채 나즈막히 깔리는 신디사이저의 반주로 시작되는〈여울목〉은 그녀의 항해가 돛을 올렸음을 알리는 머릿돌이며, 엄인호의 대표적인 곡으로 손꼽히고 있는〈도시의 밤〉은 두 사람의 원숙한 콤비네이션의 절정이라 할 수 있다. 향후 그녀가 '신촌블루스' 활동을 포함한 블루스에 근간을 둔 노래를 할 것이란 예측을 하게끔 하는 곡이기도 했다. 기존의 여가수에 대한 이미지를 부서버린 새로운 여자 뮤지션의 상을 제시했다는 평을 받는 역사적인 음반이기도 하다.

　　그해 10월《해바라기 노래모음 제3집》1986을 발표하고, 1988년 한국적 블루스의 정의를 내려준 역작이자 최고의 명반인 《신촌블루스 제1집》1988 에 〈그대 없는 거리〉, 〈바람인가〉 단 두 곡으로 보컬리스트 한영애란 이름 석자를 대중에게 각인시킨다. 이어 발표한 2집 《바라본다》1988 는 블루스적 색채에 강한 영향을 받으며, 자신의 보컬색에 대한 최초의 정체성을 찾은 앨범이다. 블루스 작곡가이자 가수인 윤명운이 만든 〈누구없소?〉는 실존에 대한 물음이라는 정의를 스스로 내린, 본작의 대표곡이자 1집부터 3집까지의 작업 중 본작을 한영애의 음악적 연대기를 나누는데 있어 정점에 있게 한 의미있는 곡이기도 하다.

샤우팅 창법의 또 한 곡 〈코뿔소〉는 〈누구없소?〉와 함께 장르별로 블루스이자, 강한 일렉 기타를 대폭 사용한 파워넘치는 사운드와 에너지 넘치는 보컬로 록적인 요소를 담고 있다. 이는 언제든지 다양한 장르의 시도가 가능하다는 자신감의 반증이기도 했다.

'작은 거인' 김수철이 작곡한 프로그레시브 성향의 〈바라본다〉도 압권. 송홍섭의 프로듀싱 하에 국내 최고의 세션 집단으로 녹음을 하였으며, 녹음 뿐만 아니라 1984년 《따로 또 같이 2집》1984부터 구체적으로 전문 세션이 인식되기 시작한 이래 드디어 그 결실을 본 작품이라 할 수 있다. 특히 기타리스트 박청귀의 발굴은 기타 세션의 수준을 한단계 끌어올리는 계기가 되었다. 더불어 전인권, 김현식, 윤명운, 박주연 등 언더그라운드 대표선수들을 코러스로 참여시켜 대중적 지지와 음악적 완성도를 만족시킨 앨범이며, 자신의 스타일을 완벽하게 찾고, 이를 형상화시킨 음반이다. 당시 2집의 앨범 판매량은 무려 80만장. 계속해서 1989년에는 다시 '신촌블루스'와 공연 무대에 함께 서면서 〈누구 없소〉, 〈건널 수 없는 강〉 등 자신의 대표곡을 불러 국내 대중음악계의 라이브 실황 명반인 《신촌블루스 라이브 vol.1》1989에 수록했다.

대마초 사건으로 '신촌블루스'가 와해되었고, 김현식의 죽음이 있은 후, 즉 2

집 앨범 이후 4년만에 3집 《1992》1992를 통해 한영애는 그의 음악적 출발점인 모던 포크와 비상飛上의 교두보 역할을 한 블루스에 기반한 그녀 특유의 록과 두터운 발라드의 실타래를 올올히 풀어 낸다. 한돌이 제공한 〈조율〉을 통해 그녀는 김현식도 미처 도달하지 못했던 통찰력과 보컬 카리스마의 결합을 일구어낸다. '그녀가 걸어온 모든 음악의 스타일과 이상이 스며들어 있다'란 평가를 받는 자신의 자작곡 〈말도 안돼〉가 이 앨범의 백미이다.

그녀는 다시 연극계와 음악계를 오가며 전방위 활동을 펼친다. 《한영애 1993 Best Live 我.友.聲아.우.성》1993이란 앨범으로 발표된 단독 콘서트를 63빌딩에서 갖는가 하면 서울과 파리, 독일을 오가며 셰익스피어의 『햄릿』에 출연한다. 그리고 그녀의 디스코그래피에서 가장 중요한 음반인 4집 《불어오라 바람아》1995를 발표한다. 1990년대 손꼽히는 명작이며 '가수' 한영애를 '아티스트' 한영애의 반열로 뛰어오르게 한 앨범이다. 그녀만의 자기성찰과 프로듀서 이병우의 내성적인 선율 감각으로 차분히 풀어내는 음률의 실타래 속에는 요즘의 감수성이 선뜻 들어설 수 없는 여과된 정제미가 오롯이 담겨져 있다. 단 한곡을 제외하고, 전 곡의 작사를 맡음으로써 앨범의 통일성을 부여했고, 〈창밖에 서 있는 너는 누구〉를 위시한 세 곡의 작곡까지 맡아 싱어송라이터의 반열에 진입하는 하나의 성과를 이룬다. 한영애만의 음악세계가 집약된 수작이다.

그리고 4년 뒤인 1999년, 테크노 사운드가 결합한 5집 《난.다》를 발표해 화제가 된다. 특히 수록곡 〈봄날은 간다〉는 1953년 백설희의 히트곡을 리메이크한 곡으로, 팬들에게 상당한 호응을 일으키며 몇 년 뒤 한영애로 하여금 트로트 리메이크 앨범을 발매하도록 동기를 부여한 곡이었다. 이 앨범은 발매 3개월 만에 유통사가 도산하는 바람에 홍보도 없이 묻혀버렸고, 이러한 아쉬움 때문인지 2001년 12

비교할 수 없는…
김수철 / 김건모 / 장사익 / 정태춘 / 한영애 / 봄여름가을겨울

월 신곡 〈푸른 칵테일의 향기〉를 추가하고 전작들의 히트곡을 따로 디스크로 엮는 등 5집을 보강해 《Special Collection 5 Plus》2001를 출시했다.

이어 2003년 〈봄날의 간다〉의 계속된 호응으로 윤심덕의 〈사의 찬미〉를 비롯해, 〈황성옛터〉, 〈굿세어라 금순아〉, 〈애수의 소야곡〉 등 우리 삶에 녹아있던 일제시대로부터 1950년대까지의 향수어린 노래들과 조우한 앨범 《Behind Time 1925~1955 A Memory Left At An Alley》2003를 발표했다. 한스러운 역사 속 노래에 대한 따뜻한 시선임과 동시에 한판 씻김굿이란 의미를 가진 시도였지만 이내 시장에서는 볼 수 없었다. 이후 한영애는 2009년까지 EBS-FM '한영애의 문화 한페이지'라는 교양 프로그램을 7년간 진행했으며, 2012년에는 엠넷 '보이스 코리아'와 MBC '나는 가수다'에 출연해 블루스와 포크, 록을 넘나드는 자신의 음악세계를 여러 시청자들 앞에 부단히 선보였다.

그리고 데뷔 40주년을 목전에 둔 2014년 11월, 5집 《난.다》1999이후 15년만의 정규앨범 6집 《샤키포》2014를 발매했다. 앨범에 대한 완전주의와 라이브에 대한 확고한 신념으로 '한영애표 음악'이 어떤 것인지를 일관되게 보여주었던 한영애의 15년 만의 새 앨범에는 인더스트리얼 록, 일렉트로니카, 블루지한 록 발라드, 리듬앤블루스, 컨트리 풍의 레게음악 등 다양한 장르의 곡 10곡이 당당하게 자리하고 있었다.

앨범 발매 후 쇼케이스, 연말 Merry-Blue's Mas 콘서트, 데뷔 40주년 기념콘서트, 최근 인디 20주년 기념콘서트 등 숨가쁜 행보를 이어가고 있는 '소리의 마녀' 한영애는 남성 중심적인 대중음악의 한복판에서 목소리만으로 모든 음악을 제압한 탁월한 가창력의 소유자임엔 이의가 없다. 그녀만의 주술적인 능력으로 현존하는 여가수 중 최고의 카리스마를 여전히 보여주고 있는 한영애는 현재진행형이다. 아마 다가올 시대를 어루만져 줄 수 있는 새로운 양식의 또 다른 '한영애표 음악'을 벌써 준비하고 있음은 물론이다. 그녀의 음악이 나날이 즐거워지기를 염원한다.

필자는 늘 그녀의 편이기에….

K-퓨전*fusion*의
시작과 완성

—

봄 여름 가을 겨울

SSaW

음악적으로나 상업적으로 비약적인 성장을 일구어낸 1980년대 우리 가요는 향후 현재에 이르기까지 우리 가요의 동력이 되어주었고, 우리 가요의 큰 자산이 되어주었다. 88올림픽 개최에 대한 기대감으로 흥분해 있던 그 해 초여름, '봄여름 가을겨울'이 출현했다. 이들은 조용필이, '들국화'가 그랬던 것처럼 충격과 감동을 선사했다. 그런 즉 '봄여름가을겨울'은 1980년대를 상징하는 음악적 아이콘이자 오피니언 리더의 한 축이었다.

이 땅에 K-Fusion의 새 역사를 열어보이며 우리 가요의 지평을 넓혀주었던 '봄여름가을겨울'! 봄여름가을겨울의 두 남자, 고등학교때부터 친구들과 4인조 밴드 '슈퍼세션'에서 베이시스트로 활동했던 김종진은 고려대학교 사학과에 입학하면서 현재 '빛과 소금'의 장기호를 만나 본격적으로 기타를 잡게 되었다. 이후 '펑크 마스터' 한상원은 허비 행콕^{Herbie Hancock}의 〈Hang up your hang on〉의 펑크^{Funk} 리프^{riff}를 연주하던 김종진과의 인상적인 조우^{遭遇} 이후 록이 유행하던 시절, 아무

도 거들떠보지 않던 펑크라는 공통분모로 이들은 매일 기타 연습에 몰두하며, 정원영, 김광민 등과 함께 잼 세션^{Jam Session}으로 활동하고 있었다. 또한 전태관은 중2때부터 드럼에 빠져 대학에 들어가서는 서강대 교내 밴드 '킨젝스^{Kinsechs}'에서 드러머로 활동하고 있었다. 이 둘은 정원영의 지인들이 방배동의 한 주점에서 가진 1982년 유학 송별 모임에서 처음 만났다. 이후 교류를 이어나가던 두 사람은 1985년 김현식의 백밴드로 결성된 '봄여름가을겨울'의 멤버가 된다.

김종진^{기타}, 전태관^{드럼}, 장기호^{베이스}, 박성식^{키보드}, 유재하^{키보드}로 이루어진 환상적인 라인업이었다. 김현식의 음악인생에서 자타가 공인하는 최고의 앨범인《김현식 3집》1986은 엄밀히 말하면 김현식의 음반이라기 보다는 김현식과 '봄여름가을겨울'의 음반이었다. 모두가 혼연일체로 일구어 낸 결실이었고, 나아가 우리 가요사에 길이 남을 명반이었다.

이렇듯 음악에 대한 열정으로 김현식을 보필했던 이들은 1987년 10월 김현식

이 '들국화'의 전인권·허성욱, '부활'의 김태원·이승철 등과 함께 대마초 흡연 혐의로 전격 구속되자 위기를 맞는다. 이때 김종진은 송홍섭의 소개로 '조용필과 위대한 탄생'의 멤버가 된다. 당시 유행하던 한국 가요의 50% 이상이 위대한 탄생의 연주자들이 참여해 녹음되었던 시절이었다.

김희연드럼, 송홍섭베이스, 이호준키보드, 윤영인리듬 기타, 그들이 이번 주에 녹음하면 다음 주에 차트 1위하고, 다음 주에 녹음하면 그 다음 주에 다시 1위를 하는 반복된 패턴 속에서 제작 패턴과 녹음 방식에 대해 많이 배웠다고 김종진은 훗날 소회한다. 지금도 그렇지만 당시에도 오직 최고만이 가입할 수 있었던 '위대한 탄생'의 멤버가 되었다는 사실은 그만큼 김종진의 기타 실력이 검증된 실력이었다는 것을 의미했다. 자신만의 음악을 하고 싶어했던 김종진은 결국 마음이 통했던 친구 전태관과 함께 '봄여름가을겨울'의 이름을 물려받아 팀을 꾸려가기로 결심한다.

가사를 쓰고 노래를 부르기로 결심한 김종진에게 영감을 준 김현식은 그냥 솔직하게 노래하면 된다는 것을 알려주었다. 전문적으로 노랫말을 쓴 적도 없었고, 쓰게 될 줄도 몰랐던 김종진은 솔직하게 그냥 하고 싶은 이야기를 노랫말로 녹여내게 된다. 다분히 아마추어적인 발상이었지만 본인 자신도 몰랐던 그의 천재성은 일련의 작업을 통해 자연스럽게 드러났다.

마침내 1988년 6월 15일 역사적인 첫 번째 정규 음반 《봄여름가을겨울 1집》1988이 발매되었다. 음악으로 사계절을 그려낸 1집은 이들의 야심작이었다. 퓨전 재즈Fusion Jazz라는 장르가 낯설게만 느껴졌던 우리 가요계에 퓨전 재즈 시대를 열어보인 것이다. 해방감을 선사하는 풍부한 사운드와 탄탄한 연주 그리고 기존의 가요 어법을 무시하는 듯 보컬곡이 아닌 3곡의 연주곡이 포진되어 신선한 충격 그 이상의 감동을 주고 있었다. 훗날 멜로디 메이커로서의 김종진 특유의 송 라이팅 능력을 만날 수 있었다.

이듬해 발매된 《봄여름가을겨울 2집》1989은 1집의 연장선상인 동시에 새로운 비상을 시도한 역작이었다. 대중친화적 인기 그룹의 반열에 올려놓은 '한국형 하이브리드 음악'의 효시격인 곡 〈어떤 이의 꿈〉 등 10곡 중 1집과 마찬가지로 3곡의 연주곡을 담았다. 내실을 다지면서도 자기들만의 보다 독창적인 사운드를 구현하기 위해 노력했으며 대중적으로도 높이 비상할 수 있는 계기를 마련해 주었다.

이후 〈외롭지만 혼자 걸을 수 있어〉와 〈가을이야〉 등 신곡 2곡을 담은 최초의 라이브 앨범 《봄여름가을겨울 Live》1991은 두 장으로 발매되었음에도 1백만장 이상의 판매고를 올리는 상업적 성공을 거두면서 이후 라이브 앨범 부흥에 촉매가 되었다. 다음해 발표한 3집 《농담, 거짓말 그리고 진실》1992은 미국에서 제작했으며 앨범에 참여한 모든 뮤지션은 물론 코러스까지 전부 현지인으로 채워 사운드는 물론이고 연주면에서도 최고의 테크닉을 노린 앨범이었다. 음악적 변신의 결실을 보여줌과 동시에 이들의 기대에 부응하듯 최고의 상업적 성공을 가져다주었으며 〈10년전의 일기를 꺼내어〉, 〈아웃 사이더〉, 〈그대 사진에 입맞춤〉 등이 인기를 모았다.

최고의 절정기를 보낸 이들의 하강기는 4집 《I Photograph to Remember》1993부터 찾아온다. 마찬가지로 외국의 세션을 기용한 이 앨범은 단 한 곡의 히트곡도 내지 못하는 앨범이 되고 말았다. 'We wanna go back to the past'라는 메시지를 담은 모르스 신호로 시작하여 음악적 성향의 선회를 알리며 신중현의 〈미인〉을 리메이크한 5집 《Mystery》1995을 거쳐 신해철, 이주노, 김현철, 이소라, 이현도 등 초호화 세션을 불러모아 변해가는 대중들의 기호에 최대한 부응하려 했던 국내 최초 철제깡통 CD케이스로 제작한 결성 10주년 앨범 6집 《Bananashake》1996도, 〈이기적이야〉의 진솔한 반성도 팬심을 잡지 못한 채 공허한 메아리로 되돌아 왔다.

1998년엔 노래 모음과 연주곡 모음 두 장으로 구성하고 신곡 〈언제나 겨울〉을 수록한 《Best Of The Best》를 발매한다. 이후 5년 간의 제작기간을 공들인 7집 《Bravo, My Life!》2002으로 찾아왔다. 타이틀곡 〈Bravo, My Life!〉와 이장희 곡을 리메이크한 〈한잔의 추억〉을 비롯해 〈화해연가和解戀歌〉 등의 곡들과 연주곡들이 풍성히 어우러져 총 17개의 트랙으로 구성되어 있었다.

2012년엔 미발매 음원 2곡을 포함해 《Bravo, My Life! 10주년 리마스터》 앨범을 발매하기도 한다. 2000년 2천장 한정 발매된 《Happy New Millennium》에 이은 5년만의 와인콘서트 실황앨범 《I'M Ssaw Dizzy Live 05》2005에 이어 3년에 걸친 저작인접권 소송의 판결로 기존 음반의 온라인 판권 및 오프라인 컴필레이션 판권 획득 후 8집 《아름답다, 아름다워!》2008를 발매했다. 8집의 음악은 밴드음악을 넘어서 새로운 퓨전을 개척해 나가는, 음악 인생 20년에 대한 해답이자 새로운 목적지를 향한 시작점을 발견한 봄여름가을겨울의 음악적 성과를 보여주고자 했

지만 대중들에게 다가가기에는 역부족이었다.

2013년 정규음반 8장과 라이브 음반 11장, 총 19장의 앨범에 비정규 음원 8곡을 담은 1장까지 전 앨범과 음원을 총망라해 집대성한 《SSaw 1988~2013 Anthology》2013 20CDs 박스 셋을 발매한다. 필자 역시 구입한 이들의 역사를 한 눈에 볼 수 있는 값진 컴필레이션compilation 박스 셋이었다.

봄여름가을겨울의 창의적이고 혁신적인 음악의 진화가 어느덧 30년이 되었다. 몇 년전부터 신장암으로 신장을 한쪽 떼어내고도 왕성하게 활동해 온 전태관이 어깨 등으로 암이 전이되어 당분간 연주 활동을 못하고 회복에만 전념할 것이라는 안타까운 기사를 접했다. 혼자만의 생각은 아닐터이지만, 하루빨리 건강을 회복한 전태관과 김종진이 연주하는 무대를 보고 싶다.

음악이 사람의 마음마저 정화시켜야 한다는 '음악지상주의'를 표방하면서 자신들의 노래로 그것을 실현해보이겠다는 청사진을 펼쳐 보인 지 어언 30여년. '봄여름가을겨울', 당신들의 아름다운 노래가 우리의 마음을 깨끗하게 할 수 있었습니다. 어떤 이도 부인할 수 없습니다.

P h o t o g r a p h b y _ _ _

조용필 13p, 14p, 16p	YPC프로덕션 | 김성기
신중현 23p, 26p	권혁재 | 신중현
김광석 59p, 60p, 65p, 66p	권혁재 | 임종진
신해철 77p, 81p, 82p, 85p	강영호 | 견석기 | Leodav
유재하 87p, 88p, 91p, 92p, 93p	유건하
조동진 95p, 98p, 103p	허성혁
들국화 110p, 113p	권혁재
노찾사 153p, 154p, 158p	노래를 찾는 사람들
이문세 169p, 173p, 175p	케이문에프앤디
이승환 177p, 178p, 180p, 184p	드림팩토리클럽
서태지 189p, 190p, 194p, 196p	서태지컴퍼니
사랑과 평화 210p	최이철
이선희 217p, 221p	후크엔터테인먼트
전인권 223p, 227p	권혁재 | 강은백
신승훈 235p, 236p, 239p, 240p	도로시컴퍼니
이승철 256p, 259p	이명수 | 권혁재
김태원 263p, 264p, 269p	권혁재 | 부활엔터테인먼트
김현철 271p, 274p	에프이 엔터테인먼트
김수철 283p, 286p, 289p	장대군
장사익 300p, 301p	권혁재
한영애 319p, 322p, 324p, 327p	나무뮤직 | 한영애
봄여름가을겨울 329p, 334p, 335p	봄여름가을겨울 엔터테인먼트 | 박현진

* 사진을 협조해주신 위의 작가님들과 기획사, 이외에도 페이퍼 크리에이티브, 시크리션A&C,
부산일보사, 네이버 문화재단 등 많은 도움을 주신 분들께 각별한 감사의 마음을 전합니다.